판다언니의 아기자기 자수 소품

판다언니의 아기자기 자수 소품
—
2022년 10월 20일 1판 1쇄 인쇄
2022년 11월 1일 1판 1쇄 발행
—
지은이 박준영
펴낸이 이상훈
펴낸곳 책밥
주소 03986 서울시 마포구 동교로23길 116 3층
전화 번호 02-582-6707
팩스 번호 02-335-6702
홈페이지 www.bookisbab.co.kr
등록 2007.1.31. 제313-2007-126호
—
기획 박미정
진행 한혜인
디자인 디자인허브
—
ISBN 979-11-90641-86-9 (13630)
정가 19,800원

ⓒ 박준영, 2022

이 책은 저작권법에 따라 보호받는 저작물이므로 무단전재와 무단복제를 금합니다.
이 책 내용의 전부 또는 일부를 사용하려면 반드시 저작권자와 출판사에 동의를 받아야 합니다.

책밥은 (주)오렌지페이퍼의 출판 브랜드입니다.

귀여움 한 조각을 수놓는 즐거움

판다언니의 아기자기 자수 소품

박준영 지음

책밥

prologue

◆

촘촘히 쌓아온 작은 기쁨

오랜만에 새로운 자수 책으로 인사드립니다. 2015년에 첫 책을 출간하고 벌써 8년이란 시간이 흘렀네요. 그때는 조금 낯설게 여겨지던 취미가 지금은 많은 분들에게 사랑받는 대중적인 취미가 된 것 같아요. 함께 즐기는 분들이 많아져 저도 여전히 즐겁게 자수 작업을 이어 나가고 있답니다.

이번 책을 준비하며 첫 책을 자주 펼쳐 보았어요. 요즘 나오는 세련된 자수 책들에 비하면 조금 어설프고 촌스럽게 느껴지기도 했지만 '아~ 나 이때 정말 재밌었는데… 이 자수 참 귀여웠지' 하는 생각이 들면서 행복의 기운이 한껏 전해지더라고요. 예나 지금이나 수놓는 재미가 내 일상에 소중한 기쁨이 되어주는구나 싶었어요. 이 재미를 더 많은 분들이 알았으면 하는 기대감으로 〈판다언니의 아기자기 자수 소품〉을 선보입니다.

처음 자수를 배우고 즐기던 기분을 떠올리며 어렵지 않은 기초 기법들로 이루어진 작은 도안들을 원단에 그리고 수놓아 보았습니다. 가벼운 마음으로 시작하면 좋아하는 마음을 더 오래 지킬 수 있을 거라 믿으면서요. 부디 부담 없이 자수의 매력에 천천히 스미기를, 이 책이 여러분의 일상에 작은 기쁨 한 조각이 되길 바랍니다.

모두 행복하세요!

판다언니 박준영 드림

contents

기초 다지기
chapter.1

- 준비물 · 10
- 기본 기법 · 18

- **22가지 스티치**

01 스트레이트 · 27	12 프렌치노트 · 42
02 아웃라인 · 28	13 플라이 · 43
03 백 · 29	14 피시본 · 45
04 러닝 · 30	15 버튼홀 · 46
05 스플릿 · 31	16 디테치드 버튼홀 · 48
06 크로스 · 33	17 새틴 · 52
07 번들 · 34	18 롱앤숏 · 54
08 레이지 데이지 · 36	19 터키 · 55
09 오픈 레이지 데이지 · 37	20 스파이더 웹 로즈 · 56
10 체인 · 39	21 램블러 로즈 · 58
11 페더 · 41	22 블리온 · 59

작품 만들기
— chapter.2 —

01 장미 핀쿠션 · 64
02 장미 티코스터 · 72
03 아플리케 미니 화병 키친크로스 · 78
04 옥수수 브로치 · 84
05 남유럽 패턴 티코스터 · 92
06 음악천재 자수 패치 · 98
07 자수 도구를 수놓은 티슈케이스 · 106
08 꽃자수 알파벳 레터링 책갈피 · 112
09 작은 식물 니들케이스 · 120
10 숲을 담은 티슈케이스와 티코스터 · 128
11 리스 티코스터 4종 · 136

12 도넛 자수 손거울 · 150
13 고양이 강아지 키링 · 158
14 한글 이모티콘 자수 · 164
15 꽃자수 핀쿠션 4종 · 172
16 리본 머리끈 · 198
17 제주 오름 자석 · 212
18 한라봉 티코스터 · 218
19 빵주머니 · 224

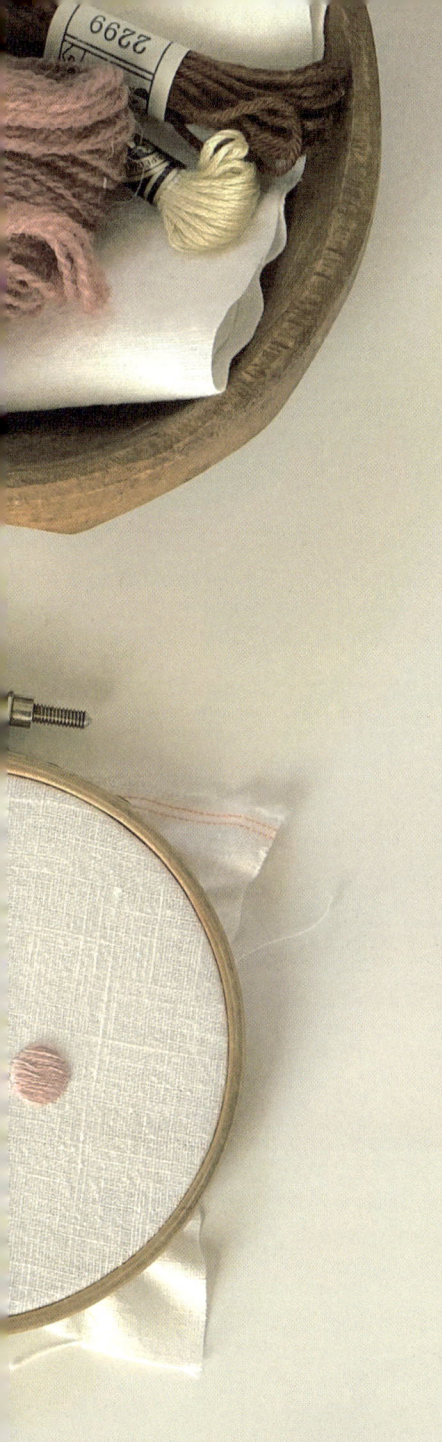

기초 다지기

본격적으로 자수를 시작하기 전에 준비물과 기본 기법들을 익혀 보겠습니다. 필수 재료와 도구를 구비했다면 소개하는 22가지 스티치를 하나씩 차근차근 연습해 보길 추천합니다. 기초 스티치를 잘 숙지한 후 작품을 만들면 훨씬 수월할 거예요.

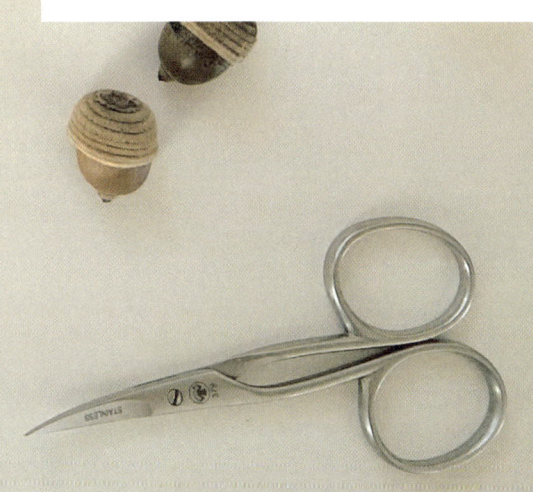

준비물

| 수틀 |

자수를 할 때 원단을 고정시키는 틀입니다. 다양한 재질과 크기가 있으나 주로 지름 10cm, 12cm의 나무 원형 수틀을 사용하는 것이 편리합니다. 한 손에 쥐고 작업을 해야 하기에 너무 큰 사이즈의 수틀은 불편할 수 있습니다.

| 원단 |

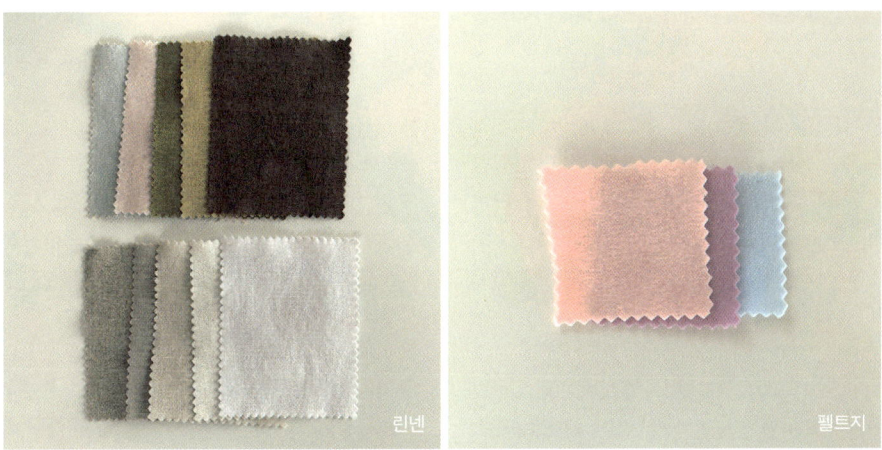

이 책에서는 주로 다양한 색깔의 11수 린넨 원단을 사용했습니다. 소품에 포인트를 줄 때 유용한 펠트지는 1.0mm 무수지(소프트 펠트지)를 추천해요. 100% 폴리에스터 재질로 부드럽게 가공되어 일반 원단처럼 세탁이나 바느질이 쉽습니다. 원단은 수틀보다 너무 크거나 작지 않게 적절히 잘라 사용합니다.

| 자수실 |

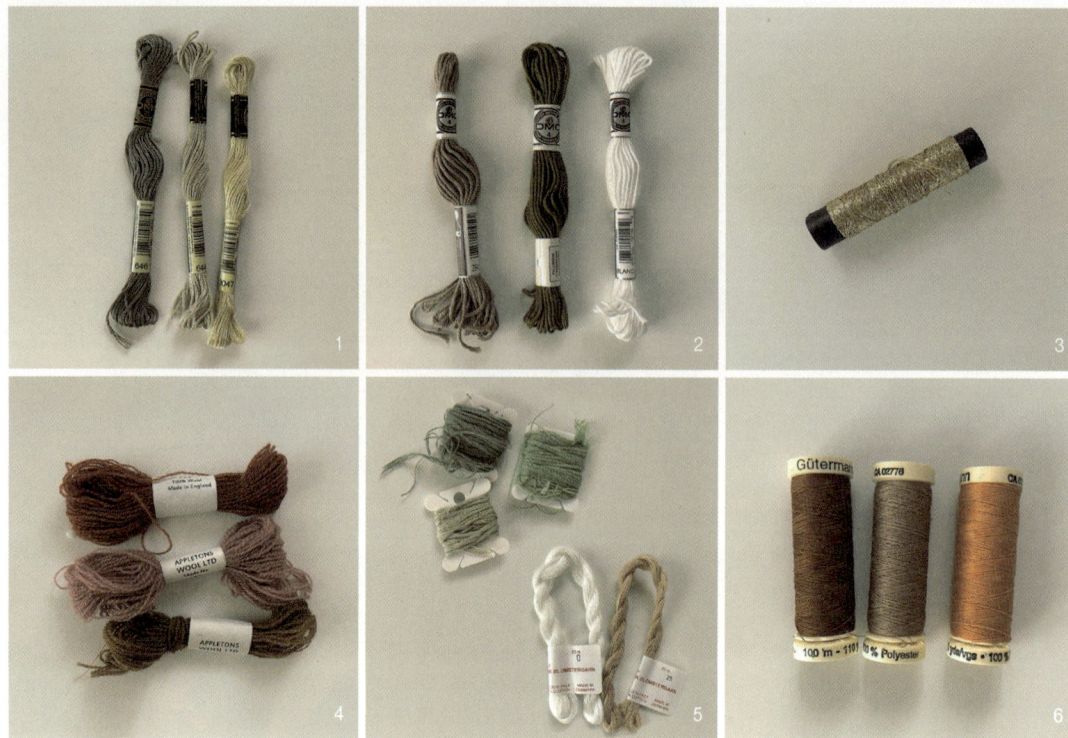

❶ **DMC 25번사** DMC는 브랜드를, 25번사는 실의 두께를 가리킵니다. '십자수 실'이라고도 불리우며 프랑스 자수에 가장 흔히 사용됩니다. 6가닥으로 이루어진 면사로 실 분리가 쉬워 원하는 만큼 가닥을 뽑아내어 실의 굵기를 조절할 수 있습니다. 질감이 부드럽고 광택이 있으며 색깔이 다양합니다.

❸ **메탈릭사** 화려한 색상을 가지고 있으며 반짝이는 질감을 표현할 수 있는 실입니다. 뻣뻣해 보이지만 의외로 질감이 부드럽고 두께가 가늘어 쉽게 수놓을 수 있습니다. 단독으로 사용해도 좋고, 면사와 합해 독특한 질감을 표현할 수도 있습니다. '르시앙사'의 메탈릭사 '니시키토'는 부드럽고 반짝임이 뛰어나 단독 사용하기 좋습니다.

❺ **덴마크 꽃실** DMC 25번사 2가닥을 합친 굵기의 면사입니다. 질감이 부드럽고 광택이 없어 매트한 느낌이 납니다. 일반 자수실보다 포근하고 고급스러운 느낌을 연출할 수 있습니다.

❷ **DMC 4번사** DMC 25번사보다 두께가 굵습니다. 5가닥으로 이루어진 면사로 실 분리가 가능하나 가닥을 뽑아내어 사용 시 잘 끊어지고 쉽게 해지는 특성이 있어 주의해야 합니다. 이 책에서는 가닥을 나누지 않고 그대로 사용합니다. 만약 분리하여 사용할 경우 실을 짧게 잘라 사용하길 추천합니다. 질감이 부드럽고 광택이 없어 매트한 느낌이 납니다.

❹ **애플톤 울실(크루엘 울사)** 100% 양모로 이루어진 실로 보송보송하면서도 까슬한 질감을 가지고 있습니다. 실 자체에 탄성이 있고 강도가 강한 편이기에 작업 시 실을 세게 당기면 완성 후 원단이 울 수 있습니다. 포근한 느낌의 겨울 소품을 만들 때 특히 유용합니다. 가닥을 나누지 않고 그대로 사용합니다.

❻ **아플리케 실(구터만)** 일반 자수실보다 튼튼하여 잘 끊어지지 않습니다. 주로 아플리케 작업을 할 때나 비즈를 달 때 사용하며 소품을 만든 후 마무리하는 용도로도 사용합니다. 실이 가늘고 부드러우며 강도가 있어 손 바느질에 용이합니다. 단, 실이 잘 꼬일 수 있으니 너무 길게 잘라 사용하지는 않습니다. (*아플리케란, 원단 위에 다른 조각 원단이나 펠트지 등을 덧대는 기법입니다.)

| 바늘 |

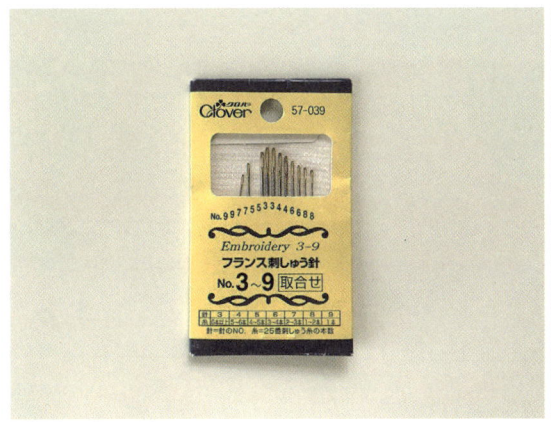 

크로바 프랑스 자수바늘 3~9호 세트 바늘귀가 길쭉하고 구멍이 커 실을 끼우기가 용이하며, 끝이 뾰족하여 섬세한 표현이 가능합니다. 여러 사이즈의 바늘이 들어 있는 세트로 구비해 두는 것을 추천합니다.

독일 Prym 자수바늘 18호 바늘귀가 크고 기둥이 두꺼우며 끝이 뾰족한 바늘로 DMC 4번사를 끼워 사용할 때 편리합니다.

| 퀼팅솜 | | 방울솜 |

소품 제작 시 입체감이나 푹신한 느낌을 주기 위해 사용하는 압축솜입니다. 이 책에서는 2온스 제품을 사용합니다.

솜이 방울방울 뭉쳐 있어 '방울솜'이라고 불립니다. 소품 제작 후 안쪽 공간을 채우는 데 사용합니다.

| 가위 |

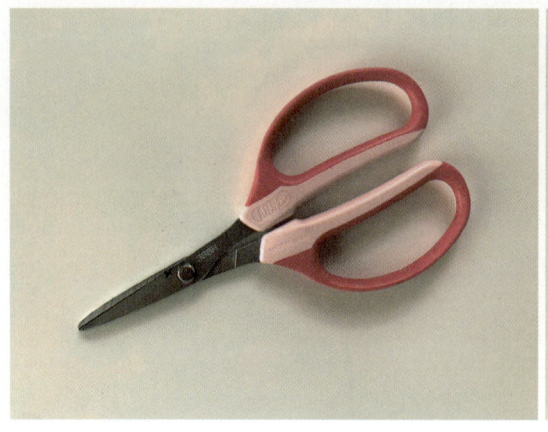

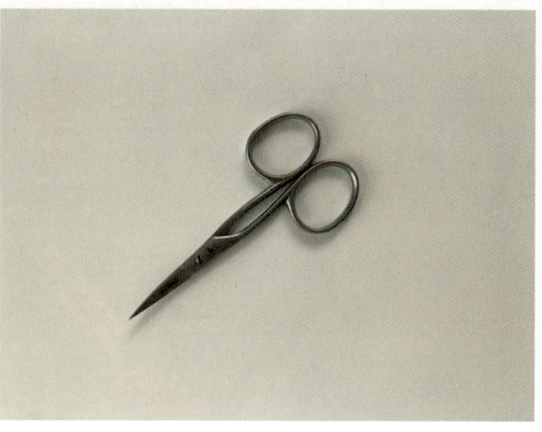

큰 가위 원단이나 부자재를 자르는 용도로 사용하는 일반 가위입니다.

작은 가위 실을 자르는 용도로 사용하는 바느질용 가위입니다.

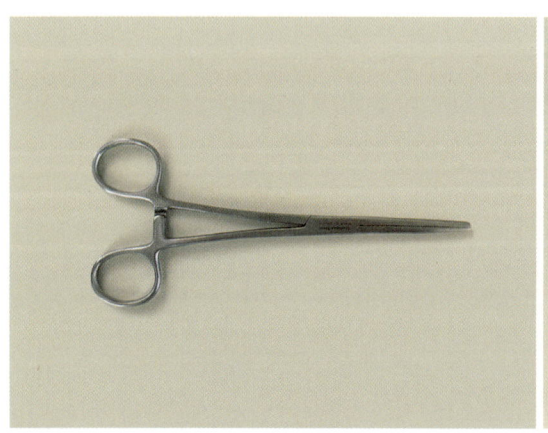

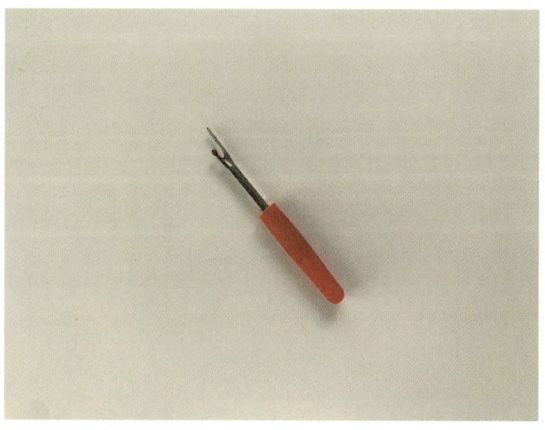

겸자 가위 소품에 솜을 넣는 용도로 사용하는 가위입니다.

실 뜯개 실수한 부분을 뜯어내는 용도로 사용하는 가위입니다.

| 펜 |

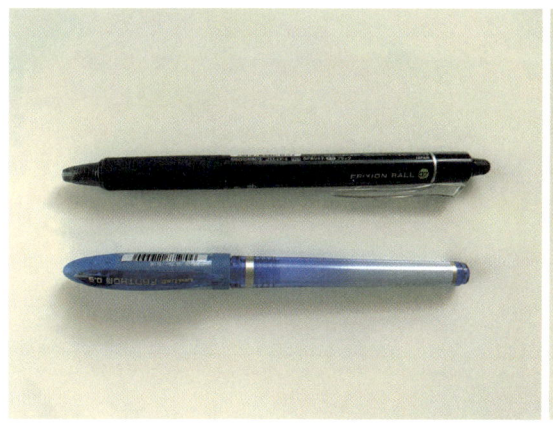
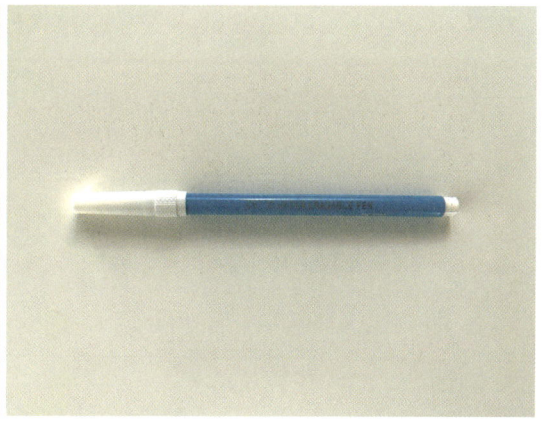

열펜 볼펜 타입의 펜으로 도안을 옮겨 그릴 때 사용합니다. 작업 후 다리미나 드라이기로 뜨거운 열을 가해 펜 선을 지울 수 있습니다. 원단에 따라 열을 가해도 펜 선이 남는 경우가 있으니 자수 전 원단 한쪽에 테스트를 한 후 사용합니다.

수성펜 심지 타입의 펜으로 도안을 옮겨 그릴 때 사용합니다. 작업 후 물에 적셔 빨아 펜 선을 지울 수 있습니다. 분무기나 면봉을 이용해 가볍게 지우는 경우 원단이 마르면 다시 펜 선이 올라올 수 있으니 흐르는 물에 대고 제거하는 것을 추천합니다.

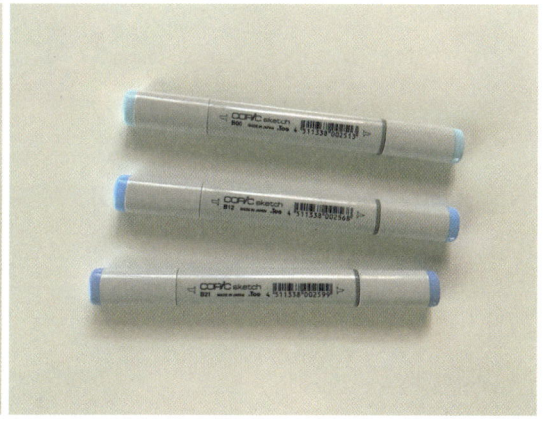

아이롱펜(화이트) 볼펜 타입의 흰색 펜으로 어두운 원단에 도안을 옮겨 그릴 때 사용합니다. 작업 후 다리미 열을 가해 펜 선을 지울 수 있습니다. 원단에 따라 열을 가해도 펜 선이 남는 경우가 있으니 자수 전 원단 한쪽에 테스트를 한 후 사용합니다.

코픽마카 잉크가 들어 있는 닙 타입의 펜으로 원단에 채색을 하기 위해 사용합니다. 경우에 따라 세탁 시 번질 수도 있으니 자주 세탁을 해야 하는 작업물엔 사용하지 않습니다.

| 원단 먹지 |

원단에 도안을 옮길 때 사용하는 종이입니다. 먹지를 사용하여 도안을 옮긴 경우 작업 후 먹 자국이 지워지지 않아 선이 보일 수 있으니 최대한 먹 선을 감싸며(먹 선이 가려지도록) 수놓는 것이 좋습니다.

| 수성 심지 |

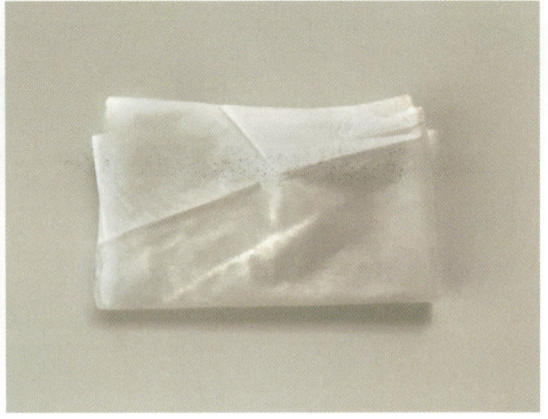

수성 심지를 활용하면 원단에 도안을 직접 옮겨 그리지 않아도 됩니다. 수성 심지에 도안을 옮겨 그린 후 원단에 시침핀으로 고정해 그 위에 수놓습니다. 작업 후 흐르는 물에 씻으면 수성 심지가 녹습니다. 충분히 세척하지 않으면 심지가 있던 부분이 단단하게 굳거나 끈적일 수 있습니다.

| 라이트 박스 |

일정한 빛을 쬐어주는 도구로 라이트 박스 위에 도안과 원단을 차례로 올리면 원단에 도안이 비쳐 보입니다. 도안을 옮길 때 사용하면 편합니다.

| 시침핀 |

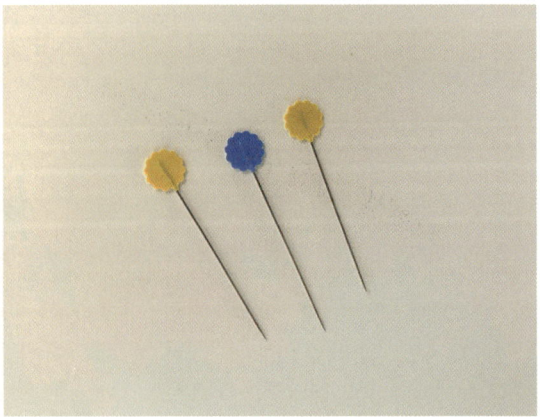

원단 2장을 겹쳐 수놓을 때 움직이지 않게 고정하는 용도로 사용하는 핀입니다.

| 비즈 |

구멍이 뚫린 작은 구슬로 자수에 포인트를 주는 용도로 사용합니다. 이 책에서는 '미유키'사 비즈를 사용했습니다.

| 부자재 |

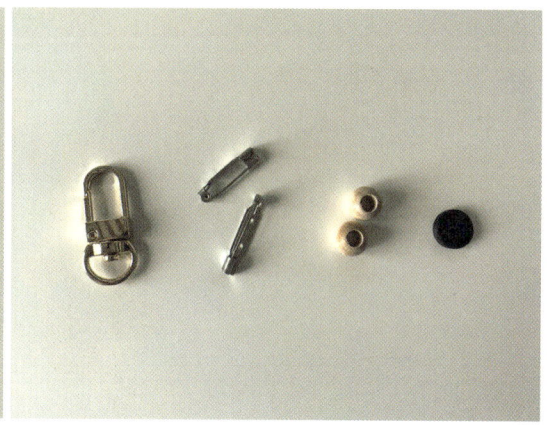

왼쪽부터 D고리, 일자 브로치핀, 나무 구슬(우드 비즈, 지름 12mm 제품), 원형 자석입니다. D고리는 대문자 D 형태를 띠고 있으며 키링을 만들 때 사용하고, 일자 브로치핀은 브로치를 만들 때 사용합니다. 나무 구슬(우드 비즈)은 가운데 구멍이 있어 실을 꿰어 장식용으로, 자석은 자수 소품 안쪽에 넣어 활용합니다.

| 수예용 본드 |

자수 소품을 부자재에 부착할 때 사용합니다. 문구점에서 파는 목공풀로 대체 가능합니다.

기본 기법

01
수틀에 원단 끼우기

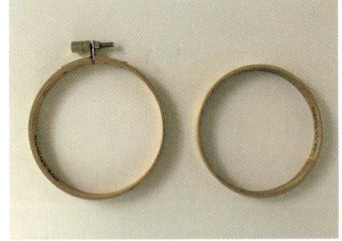

01 수틀을 분리합니다.

02 동그란 안쪽 틀 위에 원단을 올립니다.

03 나사가 달려 있는 바깥쪽 수틀을 원단 위에 눌러 끼운 다음 나사를 조여 줍니다.

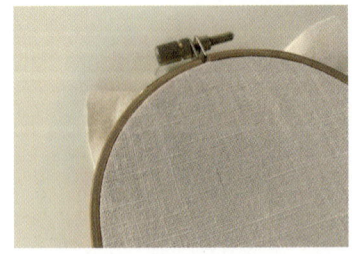

04 원단을 당겨 수틀의 상단부과 원단이 평행하도록 맞춰 줍니다. 이때 과하게 힘을 주면 원단이 당겨져 올의 방향이 틀어질 수 있으니 주의합니다.

02
원단에 도안 옮기기

● **먹지 이용하기**

01 도안 위에 트레싱지를 올려 도안을 옮겨 그립니다. 도안이 낱장으로 준비되지 않은 경우 이렇게 낱장의 트레싱지에 따라 그리면 유용합니다.

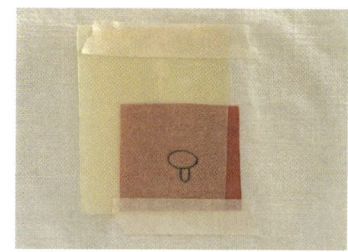

02 원단 위에 먹지, 도안이 그려진 트레싱지 순서로 올린 후 마스킹 테이프로 고정해 줍니다.

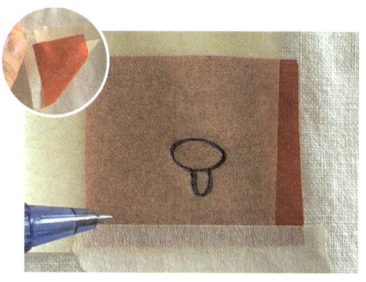

03 철필이나 볼펜으로 도안을 따라 그립니다. 이때 너무 세게 그리면 세탁해도 먹 선이 지워지지 않을 수 있으니 세기를 조절해 주세요. 적당히 식별 할 수 있을 만큼 도안이 옮겨졌는지 확인합니다.

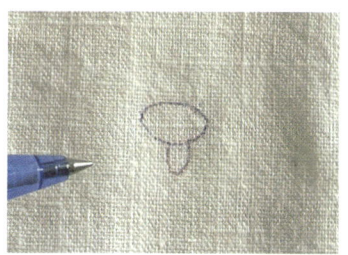

04 열펜이나 수성펜으로 잘 안 보이는 도안선을 덧그립니다.

● 라이트 박스 이용하기

01 도안을 라이트 박스에 올린 후 마스킹 테이프로 고정해 줍니다.

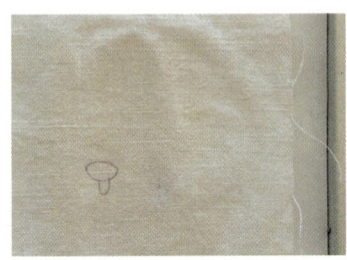

02 도안 위에 원단을 올려 줍니다.

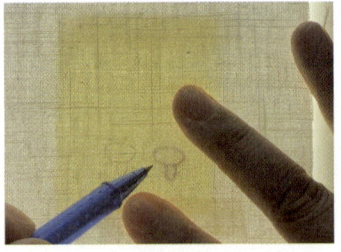

03 라이트 박스의 조명을 켜고 원하는 위치에 도안을 맞춰 올린 후 열펜이나 수성펜으로 따라 그립니다.

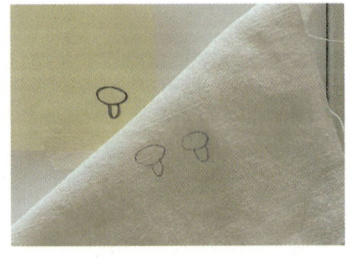

04 라이트 박스의 조명을 끄고 도안을 확인합니다.

03
실 꿰기와 매듭 짓기

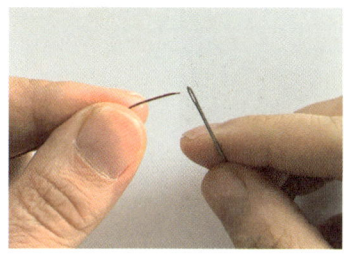

01 실을 짧게 잡고 바늘귀에 가깝게 가져다 댑니다.

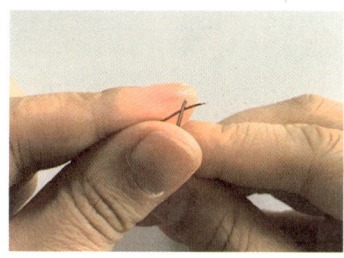

02 실을 바늘귀로 밀어 넣습니다.

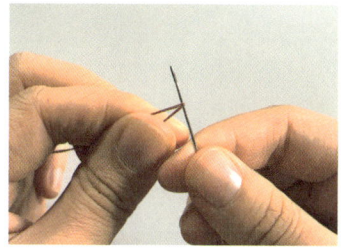

03 실 끝이 갈라져 실이 바늘귀에 잘 안 들어가는 경우 사진과 같이 바늘에 걸어 실을 살짝 접어 줍니다.

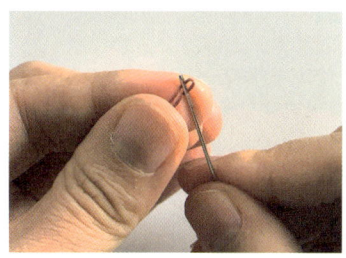

04 접힌 실을 바늘귀에 밀어 넣어 줍니다.

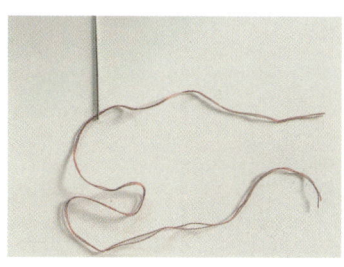

05 바늘에 실이 꿰어졌습니다.

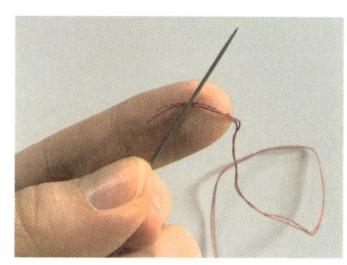

06 매듭을 지어봅니다. 바늘에 꿰어 있는 부분이 아닌 실의 반대쪽 끝 부분에 바늘을 올려 둡니다.

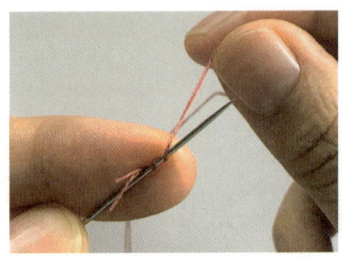

07 바늘에 실을 2회 감아 줍니다.

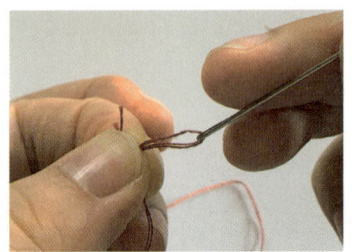

08 감은 실 부분을 손으로 잡고 반대편 손으로 실이 모두 빠져 나올 때까지 바늘을 쭉 당깁니다.

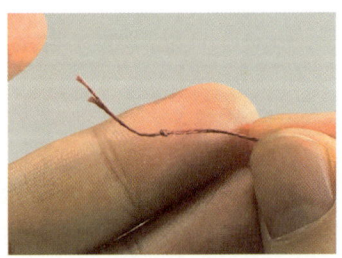

09 매듭이 만들어졌습니다.

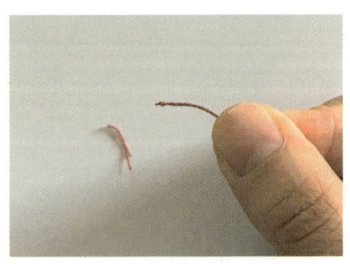

10 끝에 남은 실을 잘라 정리합니다.

04
수놓은 후 매듭 짓기

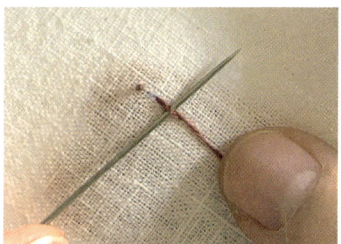

01 자수를 마무리한 후 수틀을 뒤집어 실이 걸려 있는 곳에서 가까운 땀에 바늘을 반쯤 걸어 줍니다.

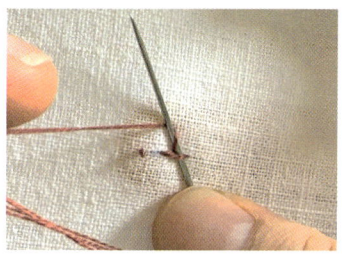

02 바늘 앞 부분에 실을 2회 감아 줍니다.

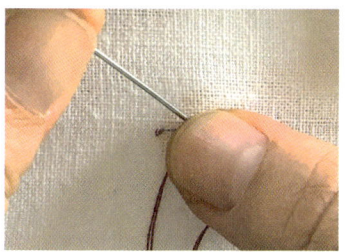

03 실을 감은 부분을 누르며 실이 모두 빠져나올 때까지 바늘을 쭉 당겨 줍니다.

04 매듭이 지어졌습니다. 가위로 실을 잘라 정리합니다.

05
기본 바느질 기법

1. 시침질

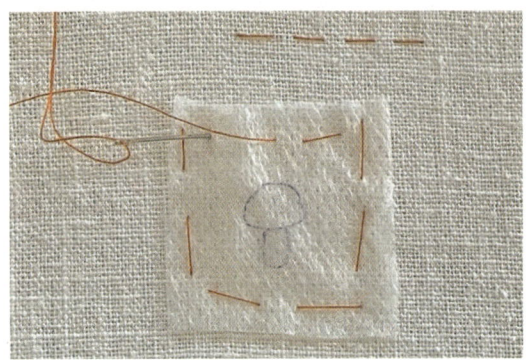

원단이나 도안지를 임시로 고정할 때 사용하는 바느질 기법입니다. 형태나 진행 방식이 러닝 스티치와 흡사합니다. 작업이 끝나면 시침질한 실은 제거해 줄 것이기에 모양에 크게 신경 쓰지 않고 듬성듬성 바느질해 주면 됩니다.

2. 박음질

원단을 단단하게 고정시키는 바느질 기법으로 진행 방식은 백 스티치와 같습니다. 책에서는 소품을 만들 때 원단 2장을 연결하는 목적으로 사용했습니다.

3. 아플리케

배경 원단에 작은 조각 원단을 실로 꿰매 붙이는 바느질 기법입니다. 이 책에서는 바늘이 배경 원단을 찌르고 나와 조각 원단을 찌르고 들어가는 방식을 사용했습니다. 실제 작업에서는 조각 원단과 흡사한 색깔의 실을 사용해 눈에 띄지 않도록 바느질해 줍니다.

4. 감침질

원단의 양끝을 튼튼하게 꿰매 주는 바느질 기법입니다. 이 책에서는 땀의 형태를 노출시켜 장식적인 목적으로 사용했습니다.

01 바늘을 원단이 겹쳐진 안쪽으로 빼내 매듭을 감춰 줍니다.

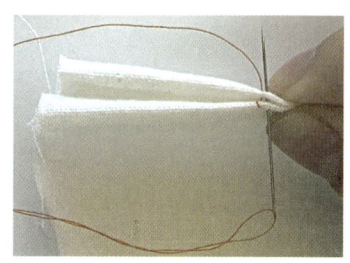

02 원단 양쪽을 동시에 바늘로 찌른 후 실을 당겨 줍니다.

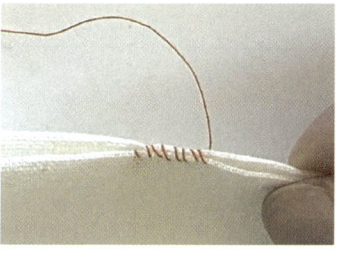

03 같은 방식으로 반복해 바느질합니다.

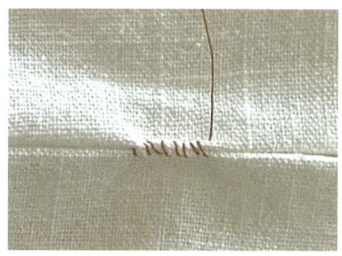

04 사진과 같이 원단의 양끝이 연결됩니다.

5. 공그르기

창구멍을 막을 때 사용하는 바느질 기법입니다. 바늘땀이 최대한 보이지 않도록 신경 써야 합니다. 실제 작업에서는 배경 원단과 흡사한 색깔의 실을 사용해 눈에 띄지 않도록 바느질해 줍니다.

01 바늘을 원단이 겹쳐진 안쪽으로 빼내 매듭을 감춰 줍니다.

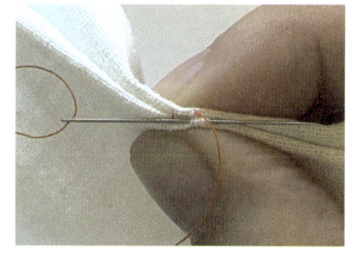

02 반대편 원단으로 바늘을 찔러 넣은 후 원단을 한 땀 떠 줍니다. 바늘을 빼내 실을 끝까지 당겨 줍니다.

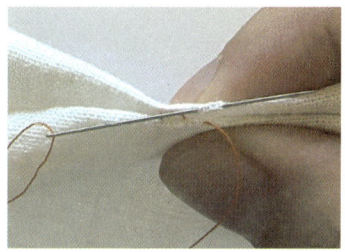

03 위아래로 반복하여 바느질해 줍니다.

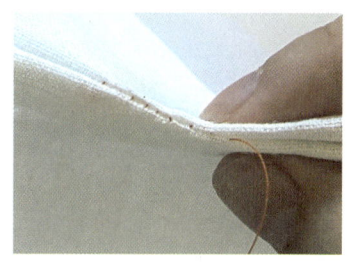

04 사진과 같이 창구멍이 막아집니다.

22가지 스티치

01
스트레이트

직선 모양으로 수를 놓는 기법으로 모든 스티치의 기본이 됩니다.
방사형으로 수놓으면 꽃을 표현할 수 있습니다.

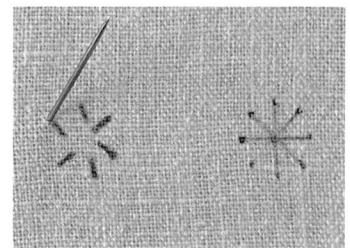

01 도안의 한쪽 끝에서 바늘을 빼냅니다.

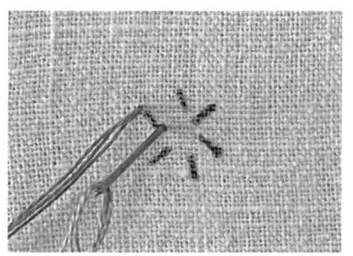

02 실을 끝까지 당긴 후 반대편 끝으로 바늘을 찔러 넣어 줍니다.

03 스트레이트 스티치가 완성되었습니다.

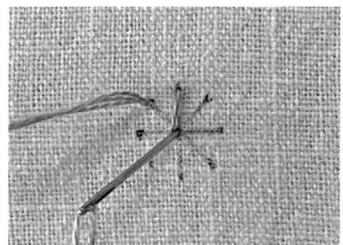

04 스트레이트 스티치의 한쪽 끝이 모여 있는 경우 바깥쪽에서 바늘을 빼내 중심으로 바늘을 찔러 넣어 줍니다. 같은 방식으로 반복합니다.

05 스티치 끝이 중심에 모여 있는 형태가 완성되었습니다.

02
아웃라인

실이 꼬인 듯한 형태로 표현되는 기법으로 주로 곡선을 수놓을 때 사용합니다.
넓은 면적을 채우기에도 용이합니다.

01 도안의 한쪽 끝에서 바늘을 빼내 한 땀 앞으로 찔러 넣어 줍니다.

02 실을 완전히 당기지 않고 고리를 남겨 둔 상태에서 땀의 중심으로 바늘을 빼냅니다.

03 실을 고리의 반대 방향으로 당겨 줍니다.

04 같은 방식으로 반복합니다. 한 땀 간격만큼 옆으로 이동해 바늘을 찔러 넣어 줍니다.

05 두 번째 땀의 중심이자 첫 번째 땀의 끝 부분으로 바늘을 빼냅니다.

06 실을 고리의 반대 방향으로 당겨 줍니다.

07 반복해서 수놓은 후 도안의 끝 부분에 바늘을 찔러 넣어 마무리합니다.

08 아웃라인 스티치가 완성되었습니다.

03
백

주로 선을 수놓을 때 사용하는 기법으로 박음질과 같은 형태를 띱니다.
같은 간격의 땀을 빈틈 없이 잇는 것이 특징입니다.

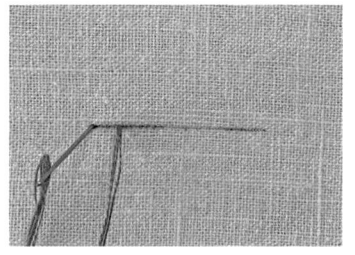

01 시작점보다 한 땀 뒤에서 바늘을 빼내 시작점으로 바늘을 찔러 넣어 줍니다.

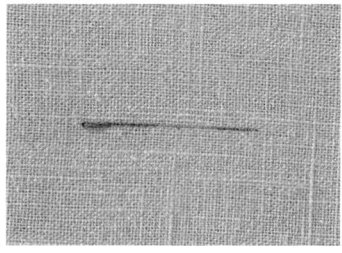

02 첫 번째 땀을 수놓은 상태입니다.

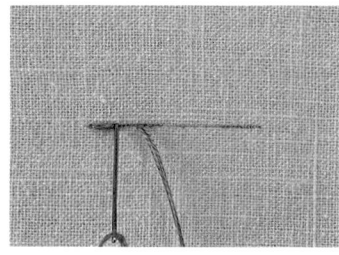

03 한 땀 간격만큼 이동해 같은 방식으로 이전 땀 끝 부분에 바늘을 찔러 넣어 주세요.

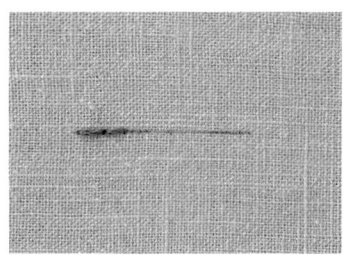

04 두 번째 땀까지 수놓은 상태입니다.

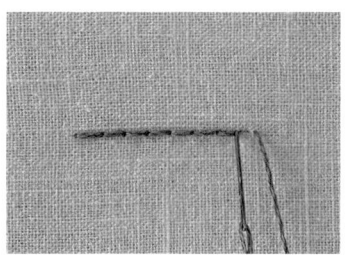

05 반복하여 같은 방식으로 수놓아 줍니다.

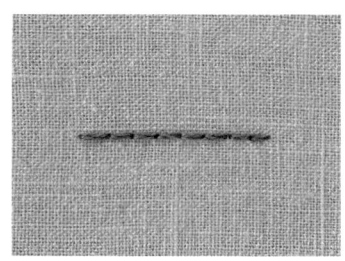

06 백 스티치가 완성되었습니다.

04
러닝

주로 윤곽선을 수놓을 때 사용하는 기법으로 시침질과 같은 형태를 띱니다.
같은 간격의 땀을 띄엄띄엄 점선 모양으로 수놓습니다.

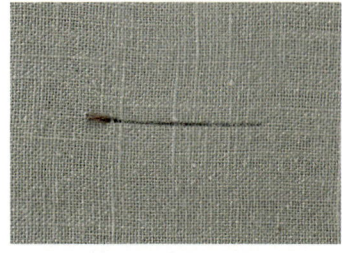

01 도안의 한쪽 끝에서 바늘을 빼내 한 땀 앞으로 찔러 넣어 줍니다.

02 한 땀 간격만큼 건너 뛰어 바늘을 빼 주세요.

03 같은 방식으로 두 번째 땀을 수놓습니다.

04 두 번째 땀까지 완성된 상태입니다. 반복하여 수놓습니다.

05 러닝 스티치가 완성되었습니다.

05
스플릿

쪼개다(split)라는 뜻을 가진 기법으로 배배 꼬여 있는 체인 형태를 뜹니다.
앞 땀의 가운데 부분을 바늘로 쪼깨듯 실을 넣어 수놓습니다.
선을 만들기에도, 면을 채우기에도 용이합니다.

● **정방향**

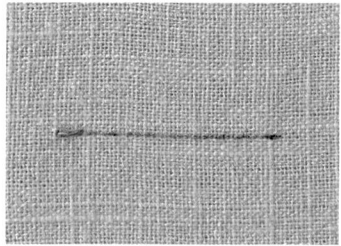

01 도안의 한쪽 끝에서 바늘을 빼내 한 땀 앞으로 찔러 넣어 줍니다.

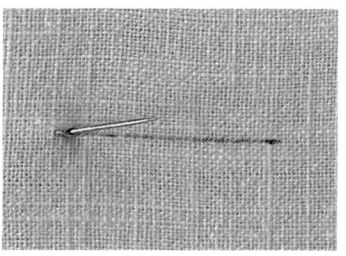

02 바늘을 첫 번째 땀의 중심으로 빼냅니다.

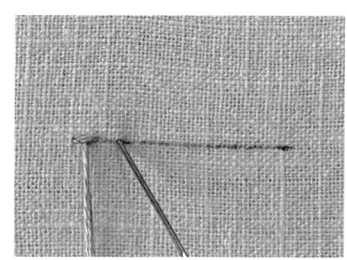

03 실을 당긴 다음 한 땀 간격만큼 이동해 바늘을 찔러 넣어 줍니다.

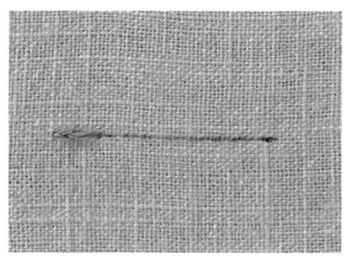

04 두 번째 땀까지 수놓은 상태입니다.

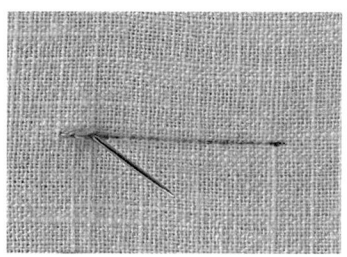

05 같은 방식으로 이전 땀의 가운데서 바늘을 빼내 수놓습니다.

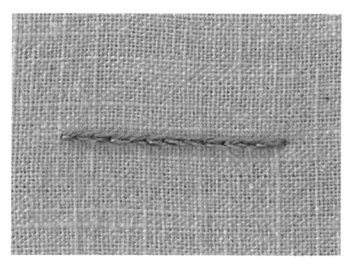

06 스플릿 스티치가 완성되었습니다.

● 역방향

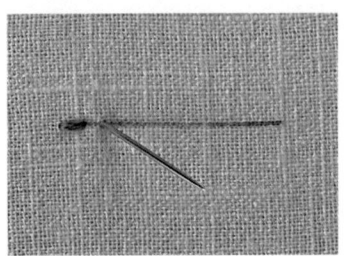

01 도안의 한쪽 끝에서 바늘을 빼내 한 땀 앞으로 찔러 넣어 줍니다. 한 땀 간격만큼 이동해 바늘을 빼냅니다.

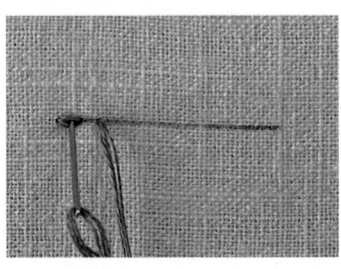

02 바늘을 첫 번째 땀의 중심으로 찔러 넣어 줍니다.

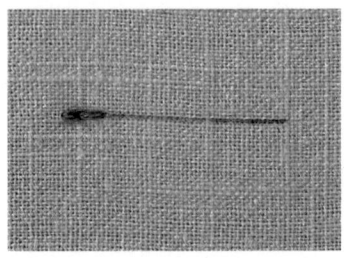

03 두 번째 땀까지 수놓은 상태입니다.

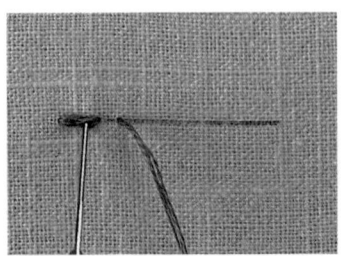

04 같은 방식으로 이전 땀의 가운데로 바늘을 찔러 넣어 수놓습니다.

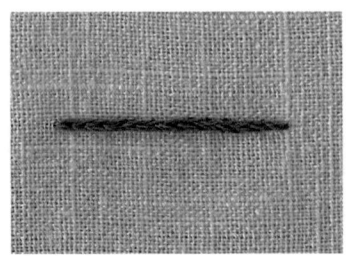

05 역방향 스플릿 스티치가 완성되었습니다. 수놓는 방향에 의한 큰 차이는 없으니 손이 편한 방법을 선택하세요.

06
크로스

실을 엇갈린 형태로 수놓는 기법입니다.
×자, ＋자, 별 모양을 수놓을 때 사용합니다.

● ×자

01 사선으로 스트레이트 스티치 한 땀을 수놓습니다.

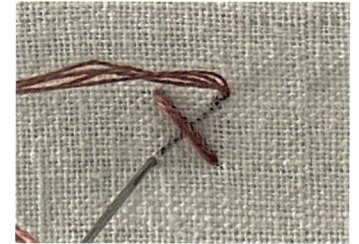

02 첫 번째 땀과 엇갈리게 한 번 더 수놓습니다.

03 크로스 스티치가 완성되었습니다.

● ＋자

01 같은 방식으로 ＋자 모양으로도 수놓을 수 있습니다.

● 더블 크로스

01 먼저 ＋자 모양의 크로스 스티치를 수놓습니다.

02 ×자 크로스 스티치를 겹쳐서 수놓으면 더블 크로스 스티치가 됩니다.

07
번들

스트레이트 스티치를 여러 개 수놓은 후 가운데 부분을 실로 묶어
번들(bundle; 묶음, 다발) 형태로 만드는 기법입니다.

● **기본**

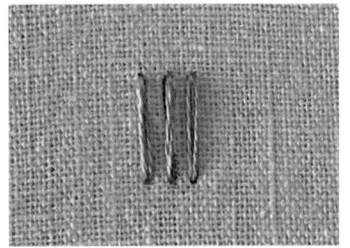

01 스트레이트 스티치를 3회 반복하여 실 기둥 3개를 수놓습니다.

02 가운데 땀의 왼쪽 중앙에서 바늘을 빼냅니다.

03 가장 왼쪽 땀의 실과 원단 사이로 바늘을 통과시킵니다.

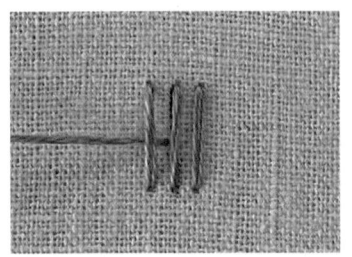

04 실을 끝까지 당겨 줍니다.

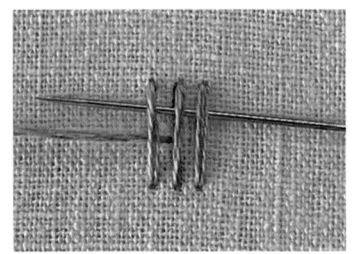

05 가장 오른쪽 땀의 실과 원단 사이로 바늘을 통과시켜 왼쪽 방향으로 세 땀 모두 통과시킵니다.

06 세 땀이 중심에서 모이도록 당겨 줍니다.

07 가운데 모인 부분 안쪽으로 바늘을 찔러 넣어 고정시킵니다.

08 번들 스티치가 완성되었습니다.

● 변형

01 번들 스티치는 실 기둥과 중간에 잡아 주는 실의 색을 분리해서 수놓을 수 있습니다.

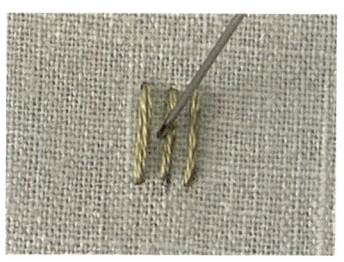

02 스트레이트로 스티치로 실 기둥 3개를 수놓은 후 실의 색을 바꿔 줍니다. 가운데 땀의 왼쪽 중앙에서 바늘을 빼냅니다.

03 기본 번들 스티치와 같은 방식으로 가운데 실을 고정시킵니다.

04 번들 스티치 변형이 완성되었습니다.

08
레이지 데이지

꽃잎이나 잎을 표현할 때 사용하는 기법으로
물방울 형태를 띠는 것이 특징입니다.

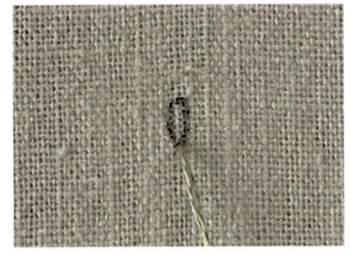

01 도안의 아래쪽 끝에서 바늘을 빼 냅니다.

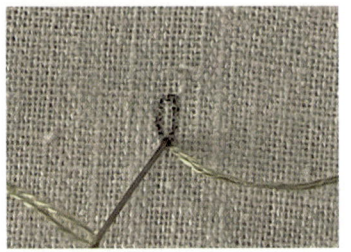

02 바로 옆쪽으로 바늘을 찔러 넣고 원단 뒤에서 실을 당겨 고리를 만듭 니다.

03 도안의 위쪽 끝에서 고리 사이로 바늘을 빼냅니다.

04 실을 끝까지 당겨 줍니다.

05 작은 고리 모양의 땀 바깥쪽으로 바늘을 찔러 넣어 고정시킵니다.

06 레이지 데이지 스티치가 완성되 었습니다.

07 반복하여 수놓아 꽃의 형태를 만 들 수도 있습니다.

09
오픈 레이지 데이지

레이지 데이지와 수놓는 방식은 비슷하나 한 땀을 반원 형태로 마무리하는 것이 특징입니다.
반원을 이어 붙여 원을 만들 수도 있습니다.

● 기본

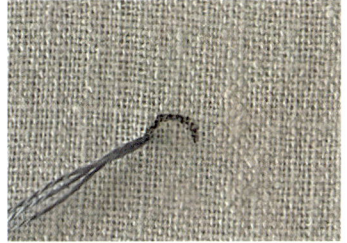

01 도안의 한쪽 끝에서 바늘을 빼냅니다.

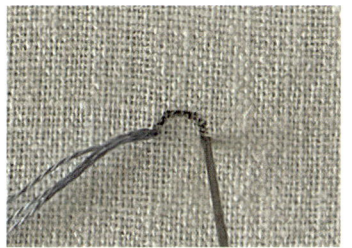

02 실을 끝까지 당긴 후 반대편 끝으로 바늘을 찔러 넣어 줍니다. 원단 뒤에서 실을 당겨 고리를 만듭니다.

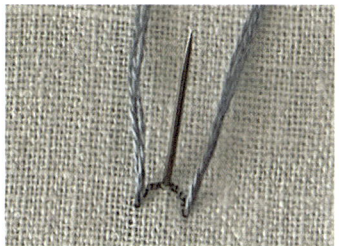

03 곡선의 중심에서 고리 사이로 바늘을 빼냅니다. 바늘 뒤에 실이 위치하도록 해 주세요.

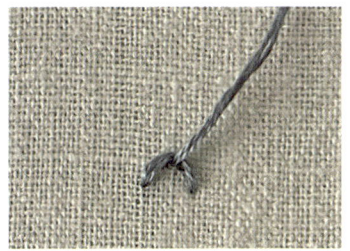

04 실을 끝까지 당겨 줍니다.

05 땀의 바깥쪽으로 바늘을 찔러 넣어 고정시킵니다.

06 오픈 레이지 데이지 스티치가 완성되었습니다.

● 원형

01 마주보게 수놓아 원형을 만들 수도 있습니다. 먼저 기본 레이지 데이지를 1회 진행합니다.

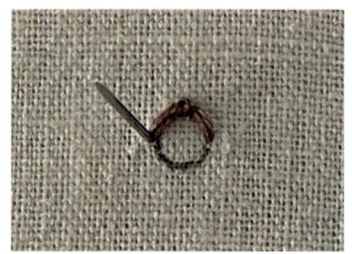

02 도안의 한쪽 끝에서 바늘을 빼냅니다.

03 실을 끝까지 당긴 후 반대편 끝으로 바늘을 찔러 넣어 줍니다. 원단 뒤에서 실을 당겨 고리를 만듭니다.

04 곡선의 중심에서 고리 사이로 바늘을 빼냅니다.

05 실을 끝까지 당긴 후 땀의 바깥쪽으로 바늘을 찔러 넣어 고정시킵니다. 원형의 오픈 레이지 데이지 스티치가 완성되었습니다.

10
체인

작은 고리를 만들어 체인 형태로 수를 놓는 기법입니다.
두꺼운 선을 표현하거나 면적을 채울 때 사용합니다.

● 기본

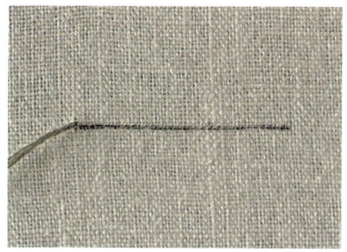

01 도안의 한쪽 끝에서 바늘을 빼냅니다.

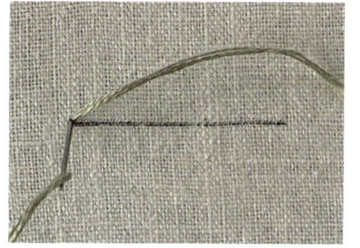

02 실을 끝까지 당긴 후 다시 시작점에 바늘을 찔러 넣어 실을 당겨 고리를 만듭니다.

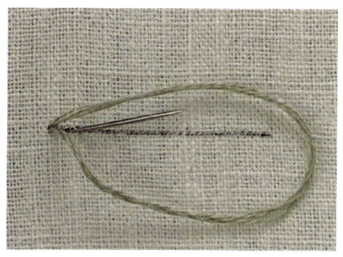

03 한 땀 간격만큼 옆으로 건너 뛰어 바늘을 빼 주세요.

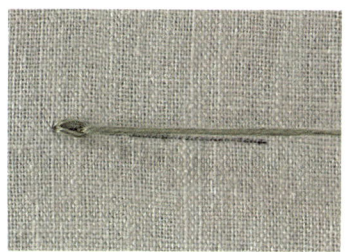

04 실을 끝까지 당겨 줍니다.

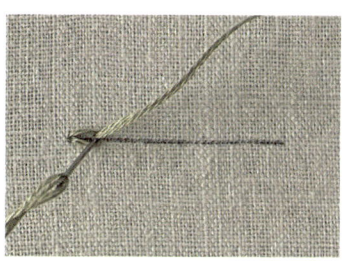

05 작은 고리 모양의 땀 안쪽으로 바늘을 찔러 넣습니다.

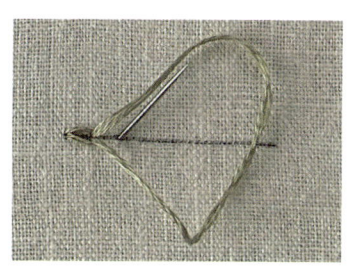

06 고리를 만들어 첫 번째 땀과 같은 방식으로 한 땀 간격만큼 옆으로 건너 뛰어 바늘을 빼 주세요.

07 반복해서 수놓습니다.

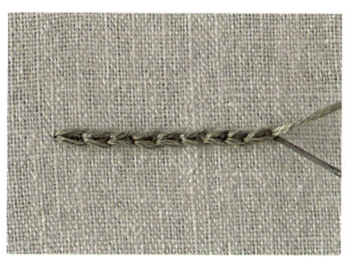

08 도안의 끝 부분에 바늘을 찔러 넣어 마무리합니다. 이때 마지막 땀의 바깥쪽에 바늘을 찔러 넣어 주세요.

09 체인 스티치가 완성되었습니다.

● 휘프트 체인

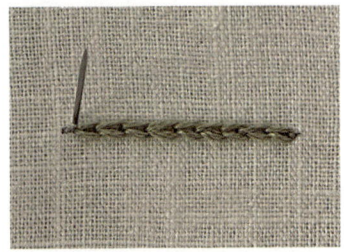

01 먼저 체인 스티치를 수놓습니다. 체인 스티치 왼쪽 끝에서 바늘을 빼내어 실을 끝까지 당겨 줍니다.

02 첫 번째 땀 아래에서 위쪽으로 바늘을 통과시킵니다.

03 실을 끝까지 당겨 줍니다.

04 같은 방식으로 반복하여 체인 스티치의 땀을 통과시켜 줍니다.

05 도안의 끝 부분에 바늘을 찔러 넣어 마무리합니다. 이때 마지막 땀의 바깥쪽에 바늘을 찔러 넣어 주세요.

06 휘프트 체인 스티치가 완성되었습니다.

11
페더

V자 모양을 좌우에 번갈아 가며 수놓는 기법입니다.
깃털, 나뭇가지 등을 수놓을 때 사용합니다.

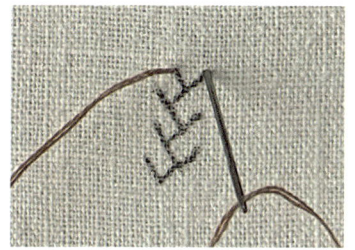

01 도안의 한쪽 끝에서 바늘을 빼냅니다. 실을 끝까지 당긴 후 대칭 지점으로 바늘을 찔러 넣어 줍니다.

02 원단 뒤쪽에서 실을 당겨 고리를 만듭니다. 두 선의 교차 지점에서 고리 사이로 바늘을 빼냅니다.

03 실을 끝까지 당겨 줍니다.

04 마찬가지로 반대쪽 대칭 지점으로 바늘을 찔러 넣어 실을 당겨 고리를 만듭니다.

05 두 선의 교차 지점에서 고리 사이로 바늘을 빼냅니다.

06 실을 끝까지 당겨 줍니다.

07 이런 식으로 계속 좌우를 반복하여 수놓습니다.

08 페더 스티치가 완성되었습니다.

12
프렌치노트

입체적인 작은 점 형태의 스티치로 바늘에 실을 두어 번 감아 만든 매듭 모양을 띕니다.
둥근 열매, 사람 또는 동물의 눈 등을 표현할 때 사용합니다.

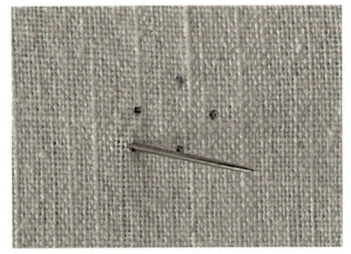

01 원단 뒤쪽에서 바늘을 빼내어 실을 끝까지 당겨 줍니다.

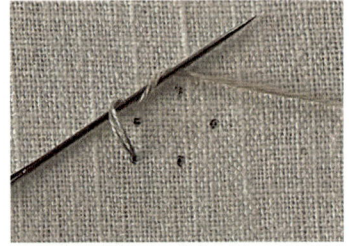

02 바늘에 실을 2회 감아 줍니다.

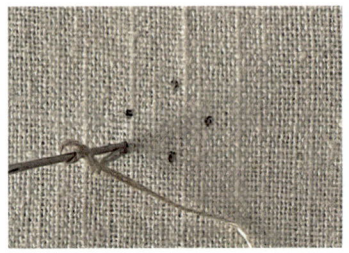

03 바로 옆쪽으로 다시 바늘을 찔러 넣어 줍니다.

04 바늘을 완전히 다 빼내기 전에 뒤쪽에서 실을 당겨가며 앞쪽 땀의 형태를 매만져 줍니다.

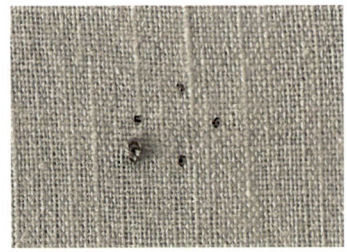

05 실을 끝까지 당겨 줍니다.

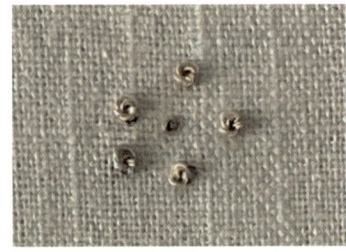

06 프렌치노트 스티치가 완성되었습니다.

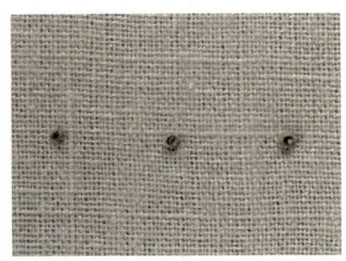

07 실을 감는 횟수에 따라 크기가 달라집니다. 왼쪽부터 순서대로 1회, 2회, 3회 감은 모습입니다.

13
플라이

대문자 Y 형태로 수놓는 기법으로 여러 땀을 연결해 나뭇가지 등을 표현할 수 있습니다.
땀을 아주 좁게 수놓아 면적을 채워 나뭇잎 모양을 표현할 수도 있습니다.

● 기본

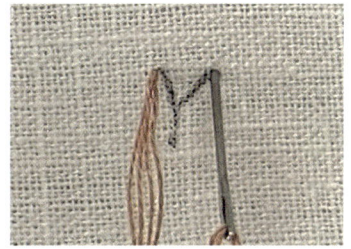

01 도안의 한쪽 끝에서 바늘을 빼냅니다. 실을 끝까지 당긴 후 대칭 지점으로 바늘을 찔러 넣어 줍니다.

02 원단 뒤쪽에서 실을 당겨 고리를 만듭니다.

03 두 선의 교차 지점에서 고리 사이로 바늘을 빼내 실을 끝까지 당겨 줍니다.

04 바늘을 도안 끝 부분에 찔러 넣어 마무리합니다.

05 대문자 Y 형태의 플라이 스티치가 완성되었습니다.

● 연결된 형태

01 기본 플라이 스티치를 1회 진행합니다.

02 같은 방식으로 한쪽 끝에서 바늘을 빼내 실을 당긴 후 대칭 지점으로 찔러 넣어 고리를 만듭니다.

03 고리 사이로 바늘을 빼내 실을 끝까지 당겨 줍니다.

04 반복하여 수놓습니다. 연결된 형태의 플라이 스티치가 완성되었습니다.

● 플라이 리프

01 잎사귀 도안의 위쪽 끝점에서 바늘을 꺼내 중심선 한땀 아래로 바늘을 찔러 넣고 실을 끝까지 당겨 줍니다.

02 스트레이트 스티치를 기준으로 좌우를 오가며 촘촘하게 플라이 스티치를 수놓습니다. 먼저 왼쪽에서 바늘을 빼냅니다.

03 대칭 지점으로 바늘을 찔러 넣습니다.

04 실을 당겨 고리를 만든 후 중심선의 스트레이트 땀 끝 부분에서 바늘을 빼냅니다.

05 실을 끝까지 당긴 후 바늘을 고리 바깥쪽에 바짝 찔러 넣습니다.

06 첫 번째 플라이 스티치가 완성되었습니다.

07 실을 당겨 고리를 만든 후 중심선 끝 부분에서 바늘을 빼냅니다.

08 실을 끝까지 당긴 후 바늘을 고리 바깥쪽에 바짝 찔러 넣어 고정시킵니다.

09 같은 방식으로 반복해 줍니다.

10 나뭇잎 형태의 플라이 리프 스티치가 완성되었습니다.

14
피시본

X자 땀을 겹쳐 수놓는 기법으로 생선 가시와 같은 형태를 띱니다.
나뭇잎 모양의 면적을 채울 때 유용합니다.

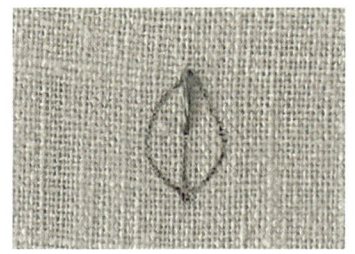

01 가운데 도안선에 스트레이트 스티치 한 땀을 수놓습니다.

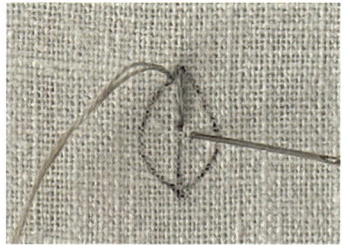

02 시작점 바로 옆쪽으로 바늘을 빼내어 중심선을 기준으로 사선 아래로 바늘을 찔러 넣어 줍니다.

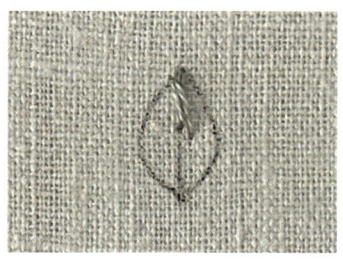

03 사선으로 한 땀을 수놓은 상태입니다.

04 ③의 선과 대칭이 되도록 중심선을 기준으로 반대쪽에서 사선으로 한 땀을 수놓습니다.

05 X자 형태의 땀이 생긴 상태입니다.

06 시작점을 기준으로 바늘을 찔러 넣는 위치를 점점 아래쪽으로 이동하며 좌우를 반복하여 수놓습니다.

07 왕복으로 2회 진행한 상태입니다.

08 아래쪽 끝 부분까지 닿은 상태입니다.

09 이제부터는 끝점을 기준으로 좌우로 수놓습니다.

10 도안선이 보이지 않을 때까지 반복해 줍니다.

11 피시본 스티치가 완성되었습니다.

15
버튼홀

단춧구멍(button hole)에 단추를 달거나 바느질 마무리 시
실이 풀리는 것을 막기 위해 사용하는 기법입니다.
프랑스 자수에서는 면을 채우거나 아플리케 등에 사용합니다.

● 기본

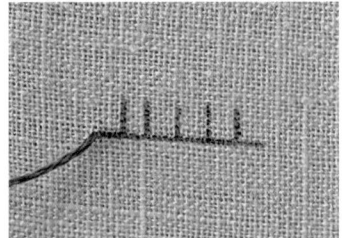 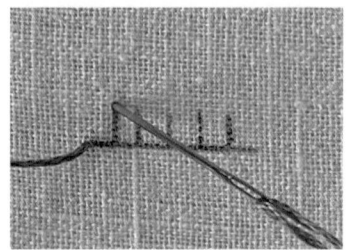 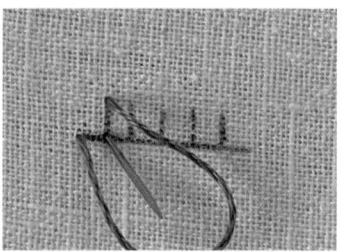

01 도안의 한쪽 끝에서 바늘을 빼냅니다. 실을 끝까지 당겨 주세요.

02 하단선과 인접한 첫 번째 기둥선 끝 부분에 바늘을 찔러 넣어 줍니다.

03 원단 뒤쪽에서 실을 당겨 고리를 만듭니다. 두 선의 교차 지점에서 고리 사이로 바늘을 빼냅니다.

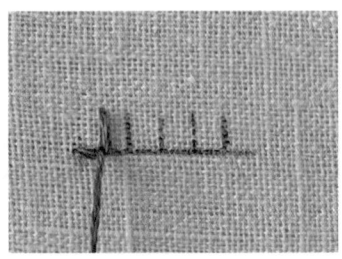 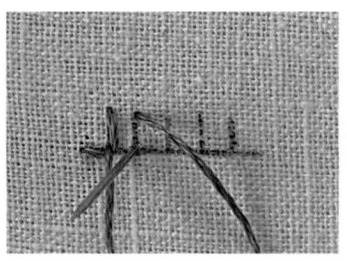 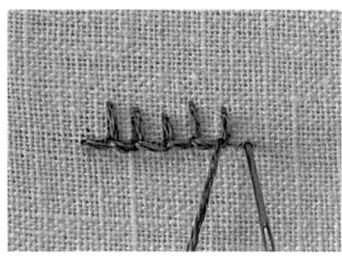

04 실을 아래쪽으로 끝까지 당겨 줍니다. 첫 번째 땀이 완성되었습니다.

05 같은 방식으로 반복하여 수놓습니다.

06 도안의 끝 부분에 바늘을 찔러 넣어 마무리합니다.

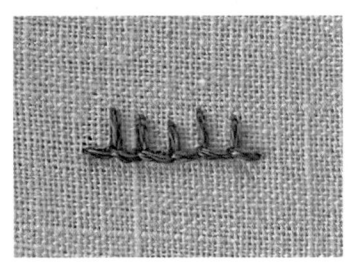

07 버튼홀 스티치가 완성되었습니다.

● 서클 버튼홀

01 원형으로 버튼홀 스티치를 할 때는 원 안쪽에 그려 둔 기둥선을 피해 시작점을 잡습니다. 바늘을 빼내어 실을 끝까지 당겨 주세요.

02 중심으로 바늘을 찔러 넣어 줍니다.

03 원단 뒤쪽에서 실을 당겨 고리를 만듭니다. 첫 번째 기둥선과 원 가장자리의 교차점으로 바늘을 빼냅니다.

04 바늘 뒤쪽에 실이 위치하도록 한 후 실을 끝까지 당겨 줍니다. 한 땀 완성한 상태입니다.

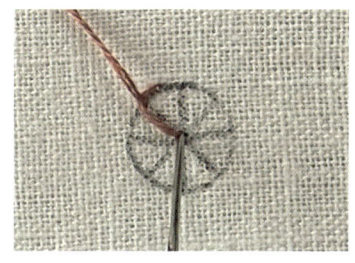

05 다시 중심으로 바늘을 찔러 넣어 줍니다.

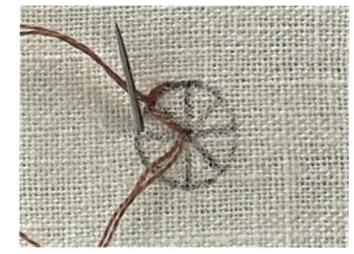

06 두 번째 기둥선과 원 가장자리의 교차점으로 바늘을 빼냅니다. 항상 중심에서 시작해 바깥쪽으로 바늘을 빼주세요.

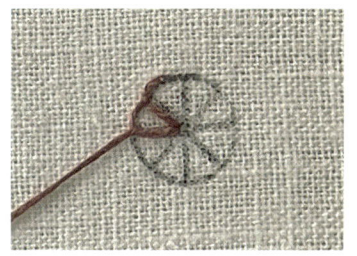

07 같은 방식으로 반복하여 수놓습니다.

08 시작점으로 바늘을 찔러 넣어 마무리합니다.

09 서클 버튼홀 스티치가 완성되었습니다.

16
디테치드 버튼홀

선을 수놓은 후 그 위에 고리를 만들어 버튼홀 스티치를 하는 기법으로 자수에 입체적인 효과를 주기 위해 사용합니다. 변형 포인트가 굉장히 많은 기법입니다.

● **바깥쪽 방향**

01 도안의 테두리를 백 스티치로 수놓습니다.

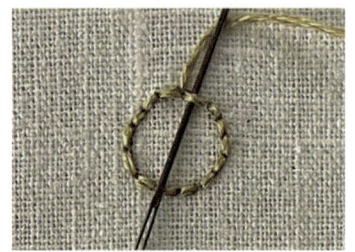

02 바늘을 땀과 땀 사이로 빼낸 후 사진과 같이 바늘을 눕혀 백 스티치 땀을 통과시킵니다. 이때 실은 바늘 뒤쪽에 위치하도록 해 주세요.

03 실을 바깥쪽으로 끝까지 당겨 줍니다.

04 같은 방식으로 한 땀씩 반복하여 수놓습니다.

05 2회 반복한 상태입니다.

06 한 바퀴 돌려가며 수놓은 상태입니다.

07 두 번째 바퀴의 고리는 좀 더 느슨하게 조절해 수놓아 주세요.

08 반복하여 수놓은 후 첫 번째 땀에 바늘을 걸어 당겨 줍니다.

09 바늘을 고리 뒤쪽으로 찔러 넣어 마무리합니다.

10 디테치드 버튼홀 스티치가 완성되었습니다.

● 안쪽 방향

01 도안의 테두리를 백 스티치로 수놓습니다.

02 바늘을 땀과 땀 사이로 빼낸 후 사진과 같이 바늘을 눕혀 안쪽 방향으로 백 스티치 땀을 통과시킵니다. 이때 실은 바늘 뒤쪽에 위치하도록 해 주세요.

03 실을 안쪽으로 끝까지 당겨 줍니다.

04 같은 방식으로 한 땀씩 반복하여 수놓습니다.

05 바깥쪽 방향에서 익힌 방식대로 두 번째 바퀴까지 수놓습니다.

06 반복하여 수놓은 후 첫 번째 땀에 바늘을 걸어 당겨 줍니다.

07 바늘을 고리 뒤쪽으로 찔러 넣어 마무리합니다.

08 안쪽 방향 디테치드 버튼홀 스티치가 완성되었습니다.

● 변형

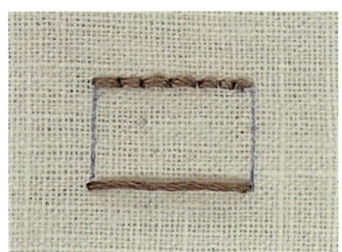

01 도안의 위쪽 가로선은 백 스티치로, 아래쪽 가로선은 긴 스트레이트 스티치로 수놓습니다.

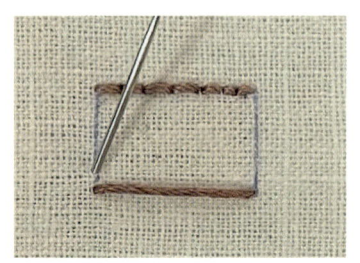

02 왼쪽 세로 도안선 한 땀 위에서 바늘을 빼냅니다.

03 아래쪽 가로선에 바늘을 절반 통과시킨 후 실을 바늘 뒤에 위치시킵니다.

04 실을 끝까지 당겨 줍니다.

05 같은 방식으로 아래쪽 가로선에 바늘을 절반 통과시킨 후 실을 바늘 뒤에 위치시킵니다.

06 실을 끝까지 당겨 줍니다.

07 반복하여 도안 끝까지 수놓습니다.

08 반대 방향으로 진행합니다. 상단 고리에 바늘을 절반 통과시킨 후 실을 바늘 뒤에 위치시킵니다.

09 실을 끝까지 당겨 줍니다.

10 왼쪽 끝까지 수놓습니다. 이렇게 좌우를 왕복하며 수놓아 줍니다.

11 오른쪽 끝까지 1줄 더 반복한 상태입니다.

12 위쪽 마지막 1줄은 다른 방식으로 진행합니다. 고리와 위쪽 백 스티치 땀에 함께 바늘을 걸어 준 다음 실을 바늘 뒤에 위치시킵니다.

13 실을 끝까지 당겨 줍니다.

14 같은 방식으로 반복합니다.

15 왼쪽 끝까지 반복하여 수놓은 후 바늘을 도안 끝에 찔러 넣어 마무리합니다.

16 디테치드 버튼홀 변형 스티치가 완성되었습니다.

17
새틴

실의 방향을 일정하게 수놓아 면적을 채우는 기법입니다. 촘촘하게 같은 간격으로
수놓아야 깔끔하며, 같은 자리에 여러 번 수놓아 입체감을 줄 수도 있습니다.

● **사각형 도안**

01 도안선 한쪽 선에 스트레이트 스티치 한 땀을 수놓습니다.

02 면을 채운다는 느낌으로 한 방향으로 반복하여 수놓습니다.

03 새틴 스티치가 완성되었습니다.

● **원형, 그 외 도안**

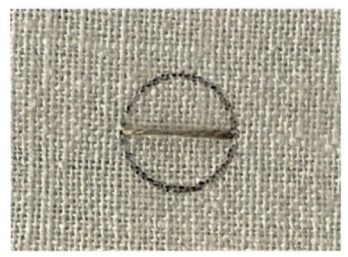  

01 네모 반듯한 도안이 아닌 경우에는 가운데 도안선에 스트레이트 스티치 한 땀을 수놓습니다.

02 가운데 기준선을 중심으로 한쪽 면을 먼저 채워 줍니다.

03 반대편도 가운데 기준선부터 같은 방식으로 수놓습니다. 원형뿐만 아니라 다른 모양에도 활용 가능합니다.

● 입체감 효과

01 새틴 스티치에 입체감을 주고 싶은 경우 테두리를 백 스티치 또는 아웃라인 스티치로 먼저 수놓습니다.

02 안쪽 면을 스트레이트 스티치로 대강 채우듯 수놓습니다.

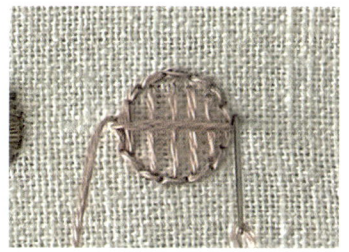

03 ②의 스티치들을 감싸며 새틴 스티치를 수놓을 것입니다. 원형 새틴 스티치 수놓는 방식과 동일하게 가운데 기준선을 만들어 주세요.

04 면을 채운다는 느낌으로 한 방향으로 반복하여 수놓습니다.

05 반대편도 가운데 기준선부터 같은 방식으로 수놓습니다. 입체감 있는 새틴 스티치가 완성되었습니다.

18
롱앤숏

긴 땀과 짧은 땀을 엇갈리게 수놓아 면적을 메우는 기법입니다.
기본 기법을 잘 익혀 두면 곡선 형태를 가진 도형의 면적을 채울 때 유용합니다.

01 스트레이트 스티치로 긴 땀을 수놓은 후 바로 옆에 짧은 땀을 수놓습니다.

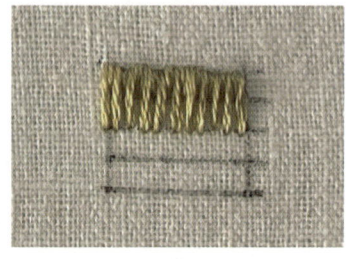

02 번갈아 가며 반복해 수놓습니다.

03 두 번째 줄은 첫 번째 줄의 짧은 땀 자리에서만 긴 땀의 스트레이트 스티치로 수놓습니다.

04 두 번째 줄을 수놓은 상태입니다. 이해하기 쉽도록 실 색깔을 바꾸어 진행한 사진입니다.

05 세 번째 줄은 두 번째 줄의 빈 공간을 채우며 긴 땀의 스트레이트로 수놓습니다.

06 같은 방식으로 반복하면 마지막에 빈 공간이 남게 됩니다. 남은 공간을 짧은 땀으로 채웁니다. 롱앤숏 스티치가 완성되었습니다.

19
터키

고리를 만드는 기법으로 여러 개의 고리를 연달아 수놓아 꽃 등을 표현하기도,
고리를 잘라 동물의 털이나 머리카락 등 풍성한 질감을 표현하기도 합니다.

01 도안의 끝 부분 살짝 옆에서 바늘을 빼내어 시작점으로 바늘을 찔러 넣어 줍니다.

02 원단 뒤쪽에서 실을 당겨 고리를 만듭니다. 고리가 원하는 크기로 남아 있을 때 다시 오른쪽 옆에서 바늘을 빼냅니다.

03 왼쪽으로 고리를 감싸며 실을 끝까지 당겨 줍니다.

04 첫 땀이 완성되었습니다.

05 같은 방식으로 반복하여 수놓습니다. 첫 번째 고리 살짝 옆쪽에서 바늘을 꺼내 첫 번째 고리와 맞닿는 부분에 바늘을 찔러 넣어 줍니다.

06 원단 뒤쪽에서 실을 당겨 고리를 만듭니다. 고리가 원하는 크기로 남아 있을 때 다시 오른쪽 옆에서 바늘을 빼내 왼쪽으로 고리를 감싸며 고정시킵니다.

07 오른쪽으로 이동하며 반복하여 수놓습니다.

08 터키 스티치가 완성되었습니다.

20
스파이더 웹 로즈

원 안에 5개의 선을 수놓은 후 기둥 사이를 오가며 수를 놓는 기법입니다.
주로 입체적인 장미를 표현하는 데 사용합니다.

● **기본**

01 스트레이트 스티치로 5개의 기둥선을 수놓습니다.

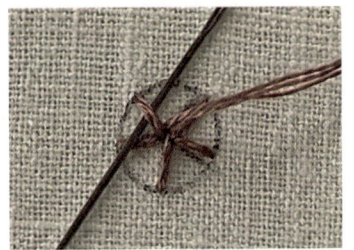

02 기둥과 기둥 사이에서 바늘을 빼내어 실을 끝까지 당긴 다음 바늘을 눕혀 첫 번째 기둥선을 통과시킵니다.

03 실을 끝까지 당겨 줍니다.

04 기둥을 하나 건너 뛴 후 같은 방식으로 바늘을 통과시킵니다.

05 실을 끝까지 당겨 줍니다.

06 같은 방식으로 반복하여 수놓습니다.

07 기둥선이 가려질 때까지 반복하다 보면 사진과 같이 장미 형태가 됩니다.

08 마지막으로 걸었던 기둥의 안쪽으로 바늘을 찔러 넣어 마무리합니다.

09 스파이더 웹 로즈 스티치가 완성되었습니다.

● 변형

01 스파이더 웹 로즈 스티치를 수놓은 후 사진과 같이 기둥의 위치를 펜으로 표기합니다.

02 원의 중심에서 바늘을 빼내어 실을 끝까지 당겨 줍니다.

03 기둥과 기둥 사이 중심에서 바늘을 최대한 밀어 넣어 원단 뒤로 빼냅니다.

04 원을 찌그러뜨린다는 생각으로 실을 잡아 당깁니다.

05 같은 방식으로 반복하여 꽃의 형태를 만들어 줍니다. 스파이더 웹 로즈 스티치의 변형이 완성되었습니다.

21
램블러 로즈

램블러(rambler)는 덩굴장미라는 뜻으로 원의 안쪽부터 바깥쪽으로 스트레이트 땀을
겹치게 수놓아 장미를 표현하는 기법입니다.

01 원 안쪽에 스트레이트 스티치로 작은 삼각형을 수놓습니다.

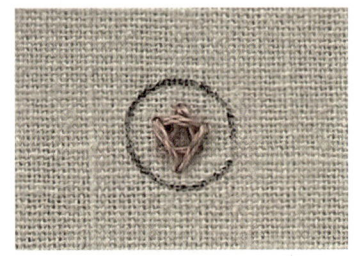

02 ①과 겹치도록 스트레이트 스티치로 역삼각형을 수놓습니다.

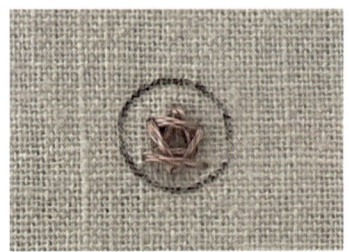

03 그 위에 스트레이트로 원하는 길이의 땀을 만들어 줍니다. 이제부터 이 길이로 나선형의 스트레이트 땀을 만들어 줄 거예요.

04 나선형으로 스트레이트 선들을 겹쳐가며 수놓습니다.

05 땀의 형태는 크게 신경 쓰지 말고 테두리를 둘러가며 면을 채운다고 생각합니다. 직전에 수놓은 스트레이트 땀과 겹치도록 진행해 주세요.

06 원하는 크기가 될 때까지 반복하여 수놓습니다. 램블러 로즈 스티치가 완성되었습니다.

22
블리온

바늘에 실을 돌돌 감아 입체적인 선을 표현하는 기법입니다.
주로 입체적인 장미를 표현하는 데 사용합니다.

● 기본

01 도안의 끝 부분보다 살짝 옆쪽에서 바늘을 빼내어 실을 끝까지 당겨줍니다.

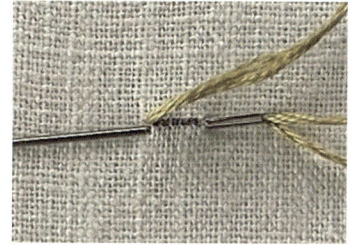

02 반대편에 바늘을 찔러 넣어 사진과 같이 도안 길이만큼 원단을 떠 주세요. 시작점 옆으로 바늘귀만 남기고 바늘을 빼냅니다.

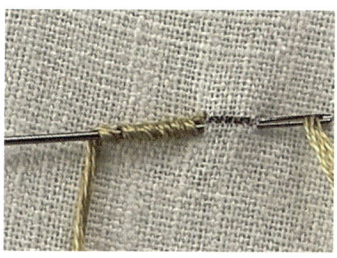

03 바늘이 통과되어 있는 원단의 길이만큼 바늘에 실을 감아 줍니다.

04 실이 감겨 있는 부분을 손으로 잘 잡고 바늘귀까지 빼내 실을 당겨 줍니다. 이때 모양이 이상해도 당황하지 마세요.

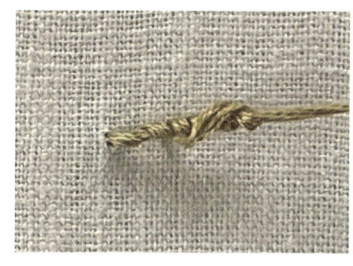

05 당긴 실을 반대쪽으로 보내며 실을 살살 만져 형태를 정리해 줍니다.

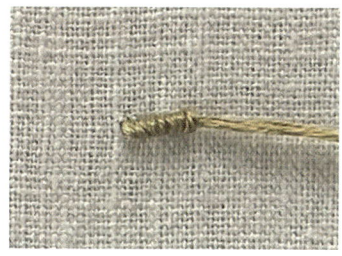

06 블리온 스티치의 형태가 잘 정리된 상태입니다.

07 도안의 끝 부분에 바늘을 찔러 넣어 고정시킵니다.

08 블리온 스티치가 완성되었습니다.

● 블리온 링

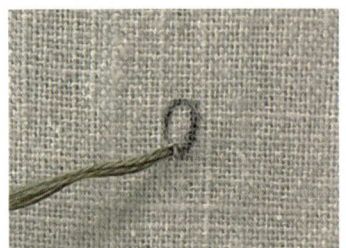

01 블리온 스티치로 원형을 만들 수도 있습니다. 도안의 한쪽 끝에서 바늘을 빼내어 실을 끝까지 당깁니다.

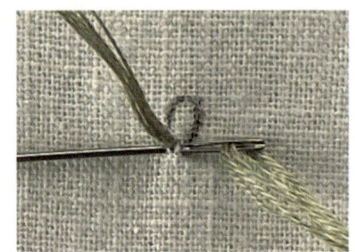

02 2mm 정도 옆에 바늘을 찔러 넣고 사진과 같이 원단을 떠 주세요. 시작점 옆으로 바늘귀만 남기고 바늘을 빼냅니다.

03 원의 둘레만큼 바늘에 실을 감아 줍니다.

04 실이 감겨 있는 부분을 손가락으로 잘 잡고 바늘귀까지 빼내 실을 당겨 줍니다.

05 사진과 같이 바늘을 꽂아 두고 실을 살살 만져 형태를 정리해 줍니다.

06 도안의 끝 부분에 바늘을 찔러 넣어 마무리합니다.

07 블리온 스티치가 덜렁거리지 않도록 윗부분도 실로 고정시킵니다.

08 블리온 링 스티치가 완성되었습니다.

● 블리온 로즈

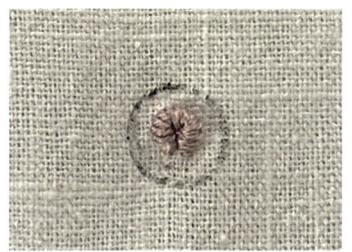

01 앞서 소개한 2가지 스티치를 이용해 꽃의 형태를 만들어 볼 수도 있습니다. 가운데 블리온 링 스티치를 수놓습니다.

02 사진과 같이 바늘로 원단을 떠 주세요.

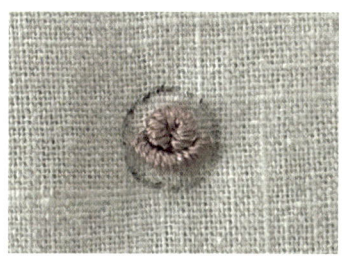

03 ②의 테두리를 둘러가며 블리온 스티치를 수놓습니다.

04 첫 번째 블리온 스티치와 약간 겹치도록 두 번째 블리온 스티치를 수놓습니다.

05 계속 반복하며 원하는 꽃의 형태를 잡아 주세요.

06 블리온 로즈 스티치가 완성되었습니다.

일러두기

* 도안에 표기된 '3364(2)'와 같은 숫자는 3364번의 실을 2가닥 사용했음을 뜻합니다.
* 각 과정 설명 하단에 스티치 페이지가 표기되어 있습니다. 가독성을 위해 한 작품 내에서 중복되는 스티치는 페이지 표기를 1~2회로 제한했습니다.

작품 만들기

간단한 스티치 기법으로 완성할 수 있는 자수 소품을 소개합니다. 한 가지 작품 안에서도 다양한 디자인으로 응용해 볼 수 있도록 구성했어요. 취향에 맞게 디자인하는 재미도 느껴 보세요.

01 장미 핀쿠션
rose pin cushion

화려한 장미 꽃밭을 수놓은 핀쿠션이에요. '스파이더 웹 로즈 스티치'를 배워 두면 입체적인 꽃을 표현할 수 있답니다. 사랑스러운 느낌의 분홍색 버전, 차분한 느낌의 하늘색 버전 중 취향에 맞게 선택해 만들어 보세요.

준비하기

| 분홍색 핀쿠션 |

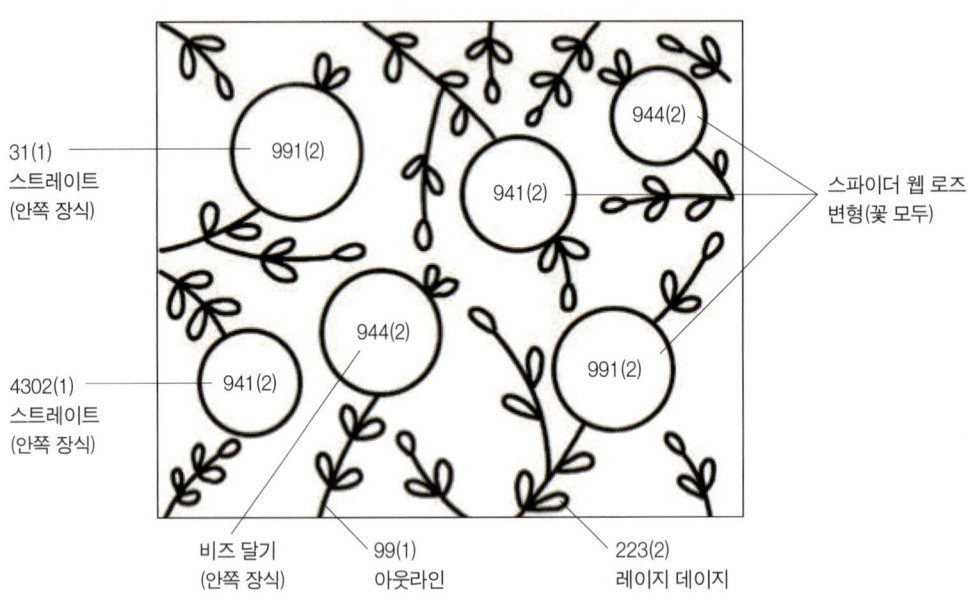

- 핀쿠션 테두리 : 309(4) 체인
- 핀쿠션 테슬 : 3713(6)
- 테슬 고정실 : 309(2)

사용한 자수실		사용한 스티치	추가 준비물
DMC 25번사	● 309 ○ 3713	스트레이트	배경 원단
애플톤 울실	● 991 ● 944 ● 941	아웃라인	(인디핑크 선염체크 면 20수,
덴마크 꽃실	● 99 ● 223	레이지 데이지	진분홍색 린넨 11수)
니시키토사(또는 금사)	● 31	스파이더 웹 로즈 변형	비즈(진주색)
DMC 메탈릭사	● 4302		퀼팅솜

| 하늘색 핀쿠션 |

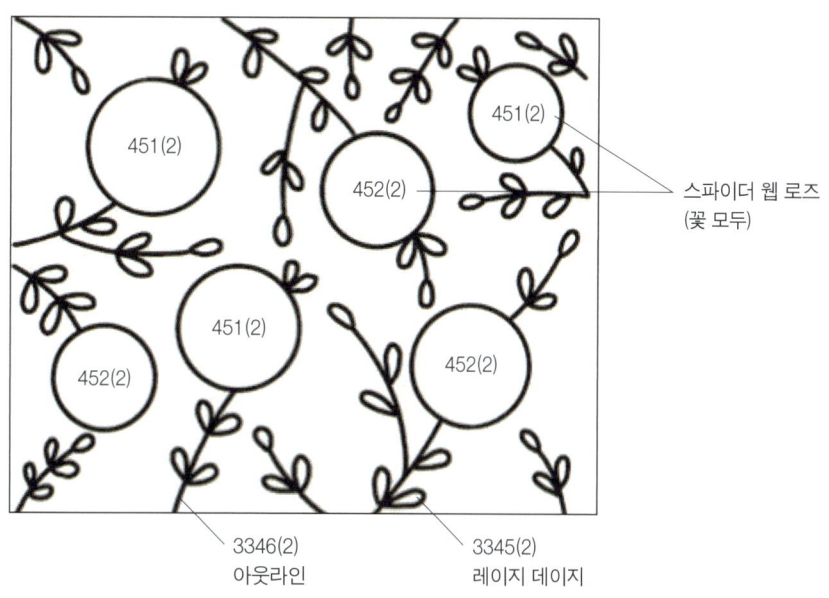

- 핀쿠션 테두리 : 924(4) 체인
- 핀쿠션 테슬 : 3895(6)
- 테슬 고정실 : 924(2)

사용한 자수실	사용한 스티치	추가 준비물
DMC 25번사	아웃라인	배경 원단
● 451 ● 452 ● 3346	레이지 데이지	(하늘색 린넨 11수, 보라색 린넨 11수)
● 3345 ● 924 ● 3895	스파이더 웹 로즈	퀼팅솜

수놓기

· 과정은 분홍색 핀쿠션을 기준으로 소개합니다.

01 도안이 그려진 원단을 수틀에 걸어 줍니다.

02 줄기를 아웃라인 스티치로 수놓습니다.

＊ 아웃라인 스티치 28쪽

03 잎을 레이지 데이지 스티치로 수놓습니다.

＊ 레이지 데이지 스티치 36쪽

04 꽃을 수놓기 전 사진과 같이 도안에 기둥선을 그린 후 스트레이트 스티치로 수놓습니다.

＊ 스트레이트 스티치 27쪽

05 꽃을 스파이더 웹 로즈 스티치로 수놓습니다.

＊ 스파이더 웹 로즈 스티치 56쪽

06 실을 바꿔 나머지 꽃도 스파이더 웹 로즈 스티치로 수놓습니다.

07 스파이더 웹 로즈 스티치의 5곳을 실로 당겨 사진과 같이 꽃의 모양을 잡아 줍니다.

08 흰색 꽃 안쪽에 스트레이트 스티치로 꽃술을 수놓습니다.

09 분홍색 꽃 안쪽에도 스트레이트 스티치로 꽃술을 수놓고 연분홍색 꽃에는 비즈를 3개씩 달아 줍니다.

핀쿠션 만들기

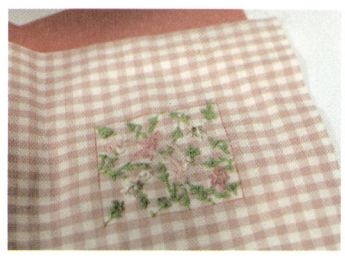

01 자수의 겉면과 뒷면 원단의 겉면을 마주보게 둡니다.

02 창구멍을 제외하고 도안선을 따라 박음질로 꿰매 줍니다. 가장자리 여분을 5mm 남기고 원단을 자른 후 모서리도 사선으로 잘라냅니다.
* 박음질 24쪽

03 창구멍 사이로 원단을 뒤집은 후 솜을 적당히 넣어 줍니다.

04 테두리를 깔끔하게 마감해 볼게요. 실 끝에 매듭을 걸고 뒷면의 중심으로 바늘을 찌릅니다.

05 실을 뒷면과 앞면이 맞닿은 사이로 빼냅니다.

06 실이 빠지지 않도록 조심하면서 테두리를 따라 백 스티치를 합니다. 작업을 마치고 매듭을 잘라내야 하니 실이 빠지지 않도록 주의하세요.
* 백 스티치 29쪽

07 백 스티치한 테두리를 따라 체인 스티치를 합니다.
* 체인 스티치 39쪽

08 체인 스티치를 마친 후 첫 번째 체인 스티치 땀 옆으로 바늘을 빼냅니다.

09 체인 스티치를 따라 휘프트 체인 스티치를 한 후 시작점 한 땀 앞으로 바늘을 찔러 넣어 뒷면으로 빼냅니다.
* 휘프프 체인 스티치 40쪽

10 실과 처음 만든 매듭을 잘라 정리합니다. 핀쿠션이 완성되었습니다.

테슬 만들기

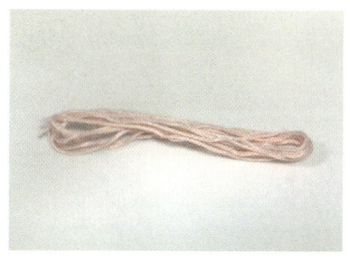

01 원하는 실을 150cm 길이로 잘라 4회 접어 겹칩니다.

02 사진과 같이 ①의 중간 부분에 실을 3회 돌려 감고 2회 꽉 묶어 줍니다.

03 테슬 머리 부분에 실을 10회 돌려 감고 2회 꽉 묶어 줍니다.

04 남은 실은 바늘에 걸어 테슬 안쪽으로 찔러 넣어 빼낸 후 잘라냅니다.

05 테슬의 아래 부분을 가위로 가지런하게 잘라냅니다.

06 테슬 머리에 걸린 실에 바늘을 꿰어 핀쿠션 한쪽 모서리에 꿰매 줍니다.

02

장미 티코스터
rose tea coaster

보랏빛 장미를 수놓은 티코스터예요. 티코스터 만드는 방법까지 차근차근 알려 드릴게요. 여리여리한 색감으로 수놓아 오래 보아도 질리지 않는답니다. 선물용으로 추천해요.

준비하기

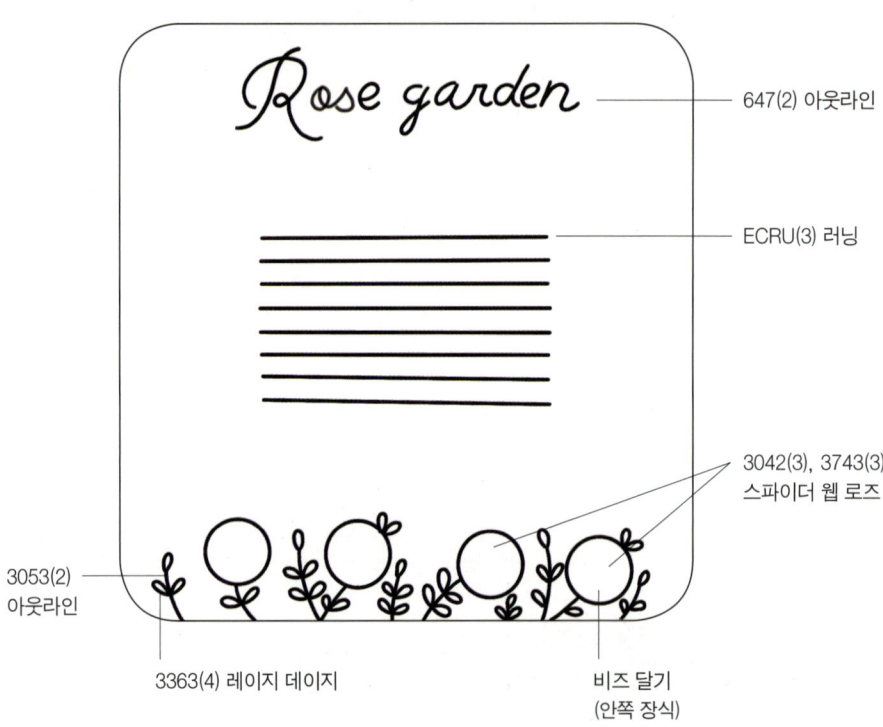

사용한 자수실	사용한 스티치	추가 준비물
DMC 25번사	러닝	배경 원단
● 647　● 3053　● 3363	아웃라인	(백색 린넨 11수, 연회색 린넨 11수)
● 3042　● 3743　○ ECRU	레이지 데이지	비즈(남색)
	스파이더 웹 로즈	

수놓기

01 도안이 그려진 원단을 수틀에 걸어 줍니다.

02 글씨를 아웃라인 스티치로 수놓습니다.

＊ 아웃라인 스티치 28쪽

03 줄기를 아웃라인 스티치로 수놓습니다.

04 잎을 레이지 데이지 스티치로 수놓습니다.

＊ 레이지 데이지 스티치 36쪽

05 2개의 꽃을 스파이더 웹 로즈 스티치로 수놓습니다.

＊ 스파이더 웹 로즈 스티치 56쪽

06 실을 바꿔 나머지 꽃도 스파이더 웹 로즈 스티치로 수놓습니다.

07 꽃 중앙에 비즈를 달아 줍니다. 비즈를 달 때 꽃에 사용한 실을 1가닥 사용하면 자연스럽습니다.

티코스터 만들기

01 자수의 겉면과 뒷면 원단의 겉면을 마주보게 둡니다. 창구멍을 제외하고 도안선을 따라 박음질로 꿰맨 후 가장자리 여분을 5mm 남기고 잘라 창구멍 사이로 원단을 뒤집어 줍니다.

02 창구멍을 꿰매기 전 중간 부분에 수를 놓아줄 거예요. 창구멍 사이로 매듭을 숨겨 도안선 끝 쪽으로 바늘을 빼냅니다.

03 도안선을 따라 러닝 스티치로 수놓습니다.

* 러닝 스티치 30쪽

 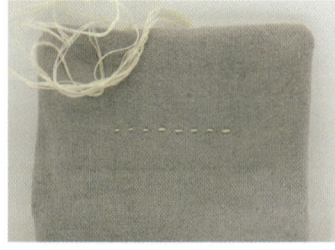 

04 아래 줄로 이동할 때는 뒷면을 통과하지 않도록 앞면의 원단과 원단 사이로 바늘을 통과시킵니다.

05 뒷면의 모습을 참고합니다.

06 자수를 완성한 후 창구멍은 공그르기로 꿰매 줍니다.

* 공그르기 25쪽

07 티코스터 완성 후 뒷면 표현도 확인해 보세요.

03
아플리케 미니 화병 키친크로스
mini vase kitchen cloth

알록달록 색색의 펠트지를 천 위에 덧대 입체감 있는 화병을 연출해 보았어요. 이러한 기법을 '아플리케'라고 하는데요. 실로만 수놓은 것과는 색다른 느낌을 주니 적극 활용해 보세요. 화병은 6가지 디자인으로 소개합니다.

준비하기

| 화병 1, 화병 2, 화병 3 |

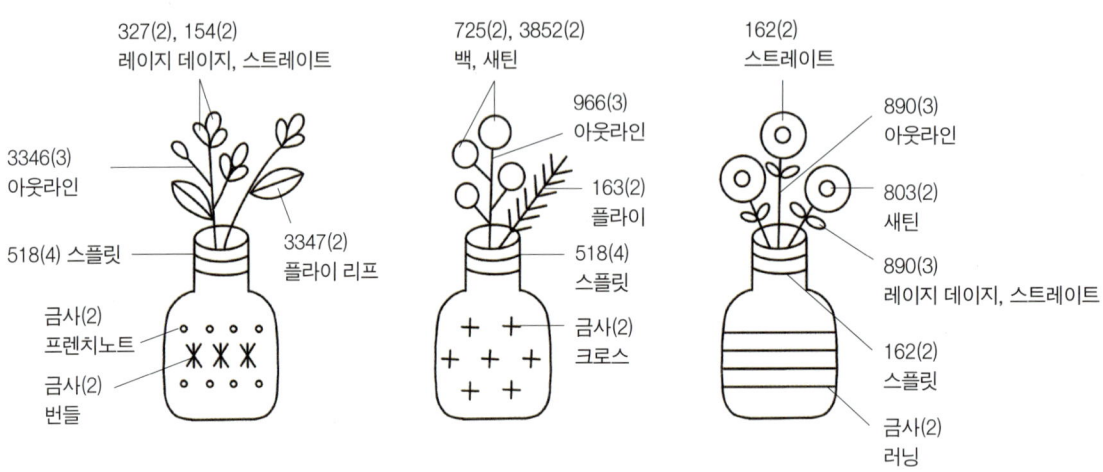

	사용한 자수실					사용한 스티치	추가 준비물
화병 1	DMC 메탈릭사	● 금사				스트레이트, 아웃라인	키친크로스
	DMC 25번사	● 518	● 3346	● 3347		스플릿, 번들, 레이지 데이지,	펠트지 26번
		● 327	● 154			프렌치노트, 플라이 리프	고정실 162(2)
화병 2	DMC 메탈릭사	● 금사				아웃라인, 백	키친크로스
	DMC 25번사	● 518	● 966	● 725		스플릿, 크로스	펠트지 38번
		● 3852	● 163			플라이, 새틴	고정실 803(2)
화병 3	DMC 메탈릭사	● 금사				스트레이트, 아웃라인,	키친크로스
	DMC 25번사	● 162	● 803	● 890		스플릿, 러닝	펠트지 30번
						레이지 데이지, 새틴	고정실 826(2)

＊ 펠트지 구입처 : 태양이네. 무수지 1.0mm

| 화병 4, 화병 5, 화병 6 |

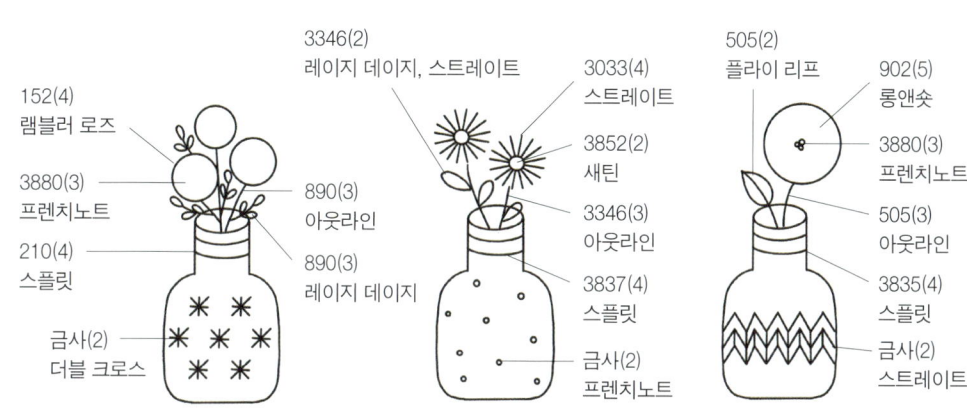

		사용한 자수실		사용한 스티치	추가 준비물
화병 4	DMC 메탈릭사	● 금사		아웃라인, 스플릿	키친크로스
	DMC 25번사	● 210	● 890	더블 크로스, 레이지 데이지	펠트지 36번
		● 152	● 3880	프렌치노트, 램블러 로즈	고정실 3837(2)
화병 5	DMC 메탈릭사	● 금사		스트레이트, 아웃라인	키친크로스
	DMC 25번사	● 3837	● 3346	스플릿, 레이지 데이지	펠트지 35번
		● 3033	● 3852	프렌치노트, 새틴	고정실 155(2)
화병 6	DMC 메탈릭사	● 금사		스트레이트, 아웃라인	키친크로스
	DMC 25번사	● 3835	● 505	스플릿, 프렌치노트	펠트지 34번
		● 902	● 3880	플라이 리프, 롱앤숏	고정실 152(2)

수놓기

· 과정은 화병 2를 기준으로 소개합니다.

01 마음에 드는 디자인의 키친크로스를 준비합니다. 또는 원단을 원하는 크기로 재단 후 테두리를 1cm씩 2회 접어 박음질해 주세요.

* 박음질 24쪽

02 원하는 위치에 도안을 옮겨 그립니다. 원단을 수틀에 걸어 주세요.

03 펠트지를 잘라 화병 부분에 갖다 댑니다.

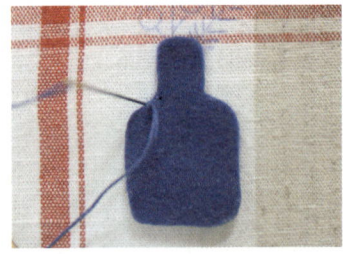

04 펠트지를 원단에 아플리케로 고정해 줍니다.

* 아플리케 24쪽

05 화병 입구 부분을 스플릿 스티치로 수놓습니다.

* 스플릿 스티치 31쪽

06 줄기를 아웃라인 스티치로 수놓습니다.

* 아웃라인 스티치 28쪽

07 잎을 플라이 스티치로 수놓습니다.

* 플라이 스티치 43쪽

08 꽃의 테두리를 백 스티치로 수놓습니다.

09 백 스티치로 수놓은 테두리를 감싸며 새틴 스티치로 수놓습니다. 새틴 스티치로 꽃을 채울 때 중간 부분부터 시작하여 한쪽 면을 먼저 채운 후 반대편을 수놓습니다.

* 새틴 스티치 52쪽

10 나머지 꽃도 새틴 스티치로 수놓습니다.

11 화병의 무늬를 크로스 스티치로 수놓습니다.

＊ 크로스 스티치 33쪽

Tip ── 다른 화병 디자인을 수놓을 때 예시 자수의 순서를 참고합니다.

04 옥수수 브로치
corn brooch

여름에 만들어 선물하기 좋은 귀여운 옥수수 브로치입니다. 솜을 넣어 실제 옥수수처럼 통통하게 표현한 게 특징이에요. 이번 작품에서는 '버튼홀', '디테치드 버튼홀' 스티치를 활용해 옥수수의 알갱이와 잎의 질감을 표현해 볼 거예요.

준비하기

| 옥수수 브로치 |

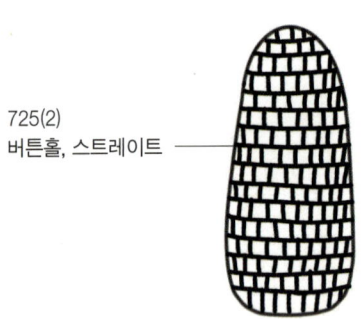

725(2)
버튼홀, 스트레이트

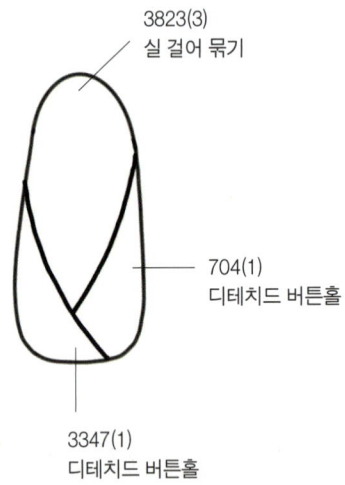

3823(3)
실 걸어 묶기

704(1)
디테치드 버튼홀

3347(1)
디테치드 버튼홀

사용한 자수실	사용한 스티치	추가 준비물
DMC 25번사 ● 725 ○ 3823	스트레이트	배경 원단(백색 린넨 11수)
DMC 8번사 ● 704 ● 3347	버튼홀	코픽마카 Y17
	디테치드 버튼홀	일자 브로치핀
		퀼팅솜

| 옥수수 티코스터 |

크기 : 10×10cm

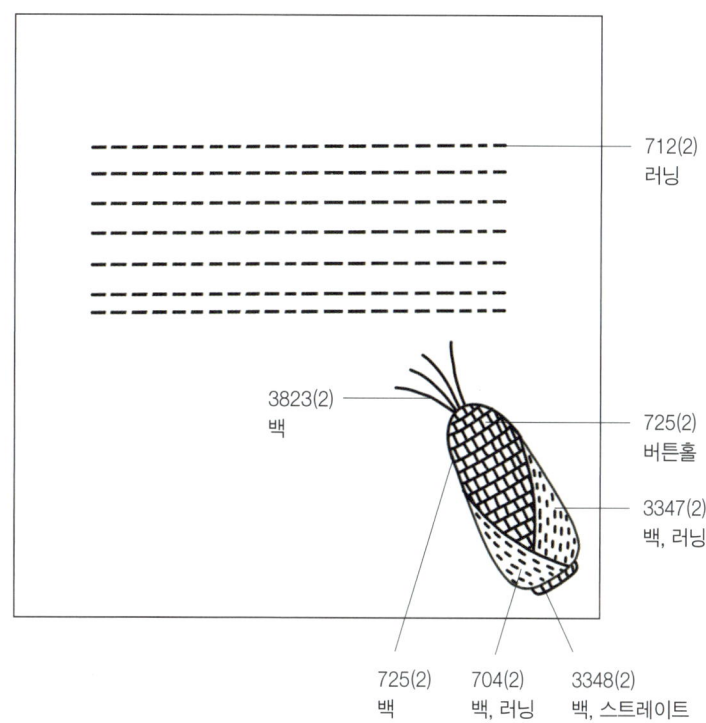

사용한 자수실	사용한 스티치	추가 준비물
DMC 25번사	스트레이트	배경 원단
● 704 ○ 712 ● 725	백	(백색 린넨 11수)
● 3347 ● 3348 ○ 3823	러닝	
	버튼홀	

수놓기

· 과정은 옥수수 브로치를 기준으로 소개합니다.

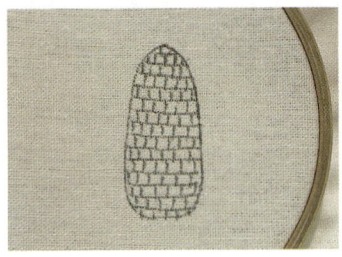

01 원단에 옥수수 껍질이 제외된 도안을 옮겨 그립니다. 원단을 수틀에 걸어 줍니다.

02 채색용 코픽마카를 이용해 원단에 색을 입힙니다.
* 노란색 원단을 사용할 경우 이 과정은 생략해도 됩니다.

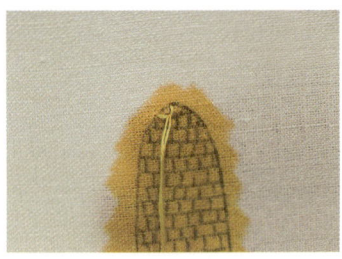

03 옥수수를 버튼홀 스티치로 수놓습니다. 위쪽부터 진행해 주세요.
* 버튼홀 스티치 46쪽

04 아래쪽에서 버튼홀 스티치를 마무리합니다. 가장 바깥쪽 세로선은 스트레이트 스티치로 수놓습니다.
* 스트레이트 스티치 27쪽

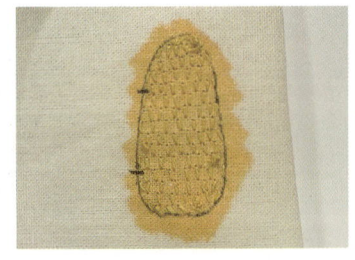

05 수놓은 부분을 안쪽으로 두고 원단을 반 접어 겹친 후 창구멍을 제외하고 박음질해 줍니다.
* 박음질 24쪽

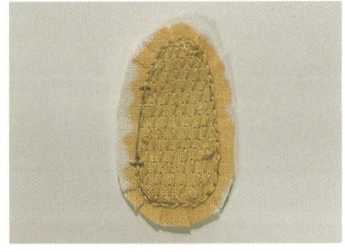

06 가장자리 여분을 3mm 정도 남기고 모양대로 잘라낸 후 가위집을 냅니다.

07 창구멍을 이용하여 원단을 뒤집어 줍니다.

08 창구멍으로 솜을 넣어 줍니다. 이때 겸자 가위를 사용하면 편리합니다.

09 공그르기로 창구멍을 막아 줍니다.
* 공그르기 25쪽

10 브로치 몸통이 완성되었습니다.

11 뒷판도 마카로 채색합니다.

12 잎의 테두리를 따라 백 스티치로 수놓습니다. 알갱이를 가로질러 스트레이트로 긴 선을 만들어 줍니다.

＊ 백 스티치 29쪽, 스트레이트 스티치 27쪽

13 디테치드 버튼홀 스티치로 옥수수 잎을 채웁니다.

＊ 디테치드 버튼홀 스티치 변형 50쪽

14 마지막 줄은 백 스티치 선에 바늘을 함께 걸어 수를 놓아 마무리합니다.

15 자수가 끝난 부분에서 바늘을 멀리 빼내는 것을 2회 정도 반복해 자수를 마무리합니다.

16 실 색깔을 바꿔 반대편 잎도 같은 방식으로 수놓습니다.

17 옥수수 껍질이 완성되었습니다.

18 바늘에 실을 걸어 위쪽 원단을 통과시킵니다.

19 적당한 길이로 실을 잘라낸 후 2회 꽉 묶어 줍니다.

20 4~5회 반복하여 옥수수 수염을 표현합니다.

21 수염을 가지런히 다듬어 주세요.

브로치 만들기

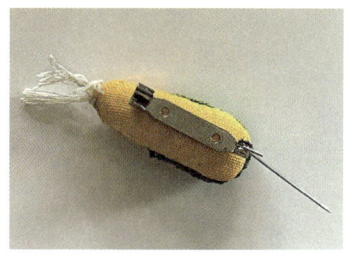

01 뒷면에 일자 브로치핀을 올려 자리를 잡아 줍니다.

02 펜으로 핀의 구멍 사이에 점을 찍어 위치를 표시합니다.

03 점과 점 사이로 바늘을 찔러 넣어 매듭이 중앙에 위치하게 만든 후 다시 점으로 바늘을 빼냅니다.

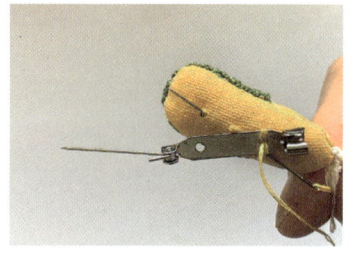

04 핀구멍을 한쪽당 3~4회씩 위아래로 반복하여 고정합니다.

05 바늘을 핀 아래에서 원단 옆쪽으로 빼내어 마무리합니다.

06 옥수수 브로치가 완성되었습니다.

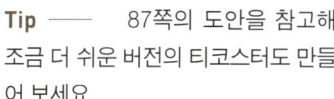

Tip ── 87쪽의 도안을 참고해 조금 더 쉬운 버전의 티코스터도 만들어 보세요.

05 남유럽 패턴 티코스터
southern europe tea coaster

심플한 느낌이 매력적인 남유럽풍 티코스터입니다. 같은 방식의 스티치를 여러 번 반복하면 완성되기에 쉽게 만들 수 있어요. 쨍한 파란색 또는 빨간색으로 수놓아 깔끔한 멋을 살려 보세요.

준비하기

크기 : 10×10cm

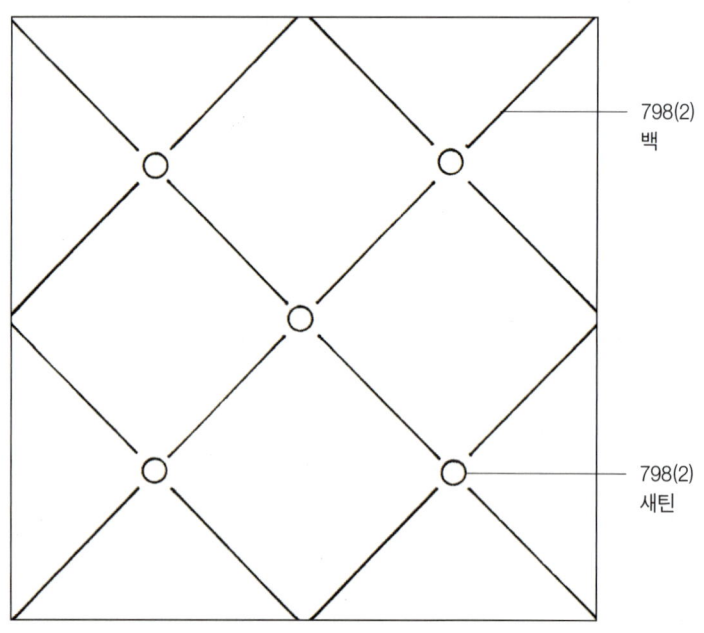

798(2)
백

798(2)
새틴

· 자수실을 빨간색으로 대체 시 : DMC 25번사 666(2), 817(2), 816(2) 중 택 1

사용한 자수실	사용한 스티치	추가 준비물
DMC 25번사 ● 798　● 796　● 3885	스트레이트 백 레이지 데이지 새틴	배경 원단 (백색 린넨 11수 또는 미색 린넨 11수)

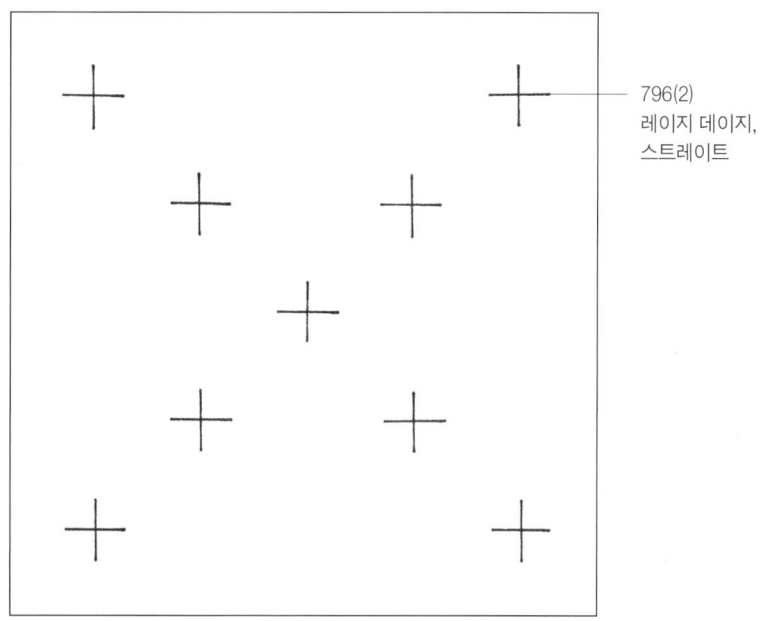

796(2)
레이지 데이지,
스트레이트

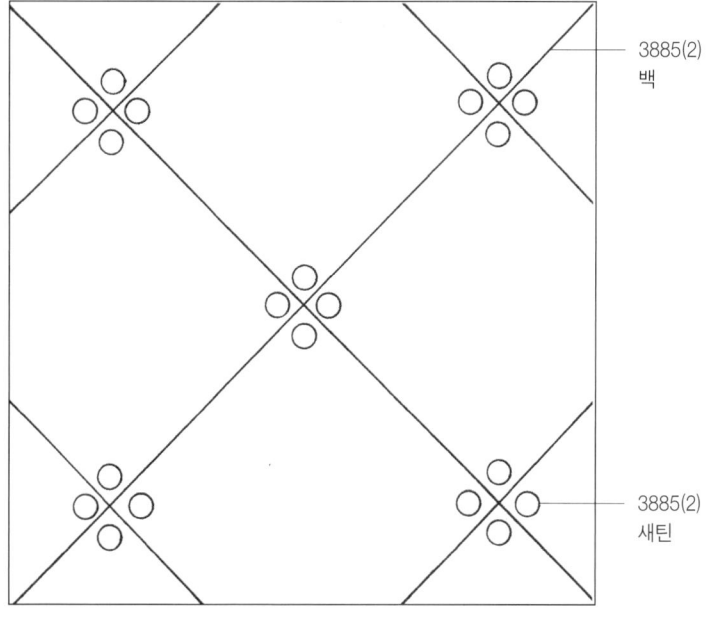

3885(2)
백

3885(2)
새틴

수놓기

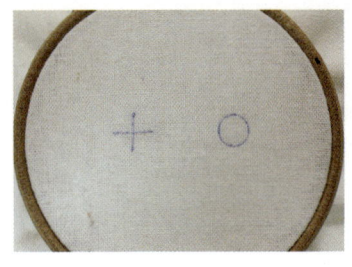

01 티코스터 3종에 활용할 수 있는 2가지 무늬를 수놓아 보겠습니다. 무늬가 그려진 원단을 수틀에 걸어 줍니다.

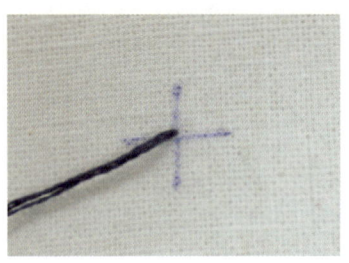

02 십자 무늬의 중간 부분에서 바늘을 빼내 실을 쭉 당겨 줍니다.

03 다시 바늘을 중심으로 찔러 넣어 당깁니다. 고리 형태가 남아 있을 정도로 헐겁게 당겨 주세요.

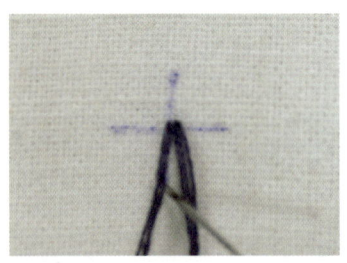

04 바늘을 도안 끝 고리 사이로 빼냅니다.

05 바늘을 고리 바깥쪽으로 찔러 넣어 마무리합니다.

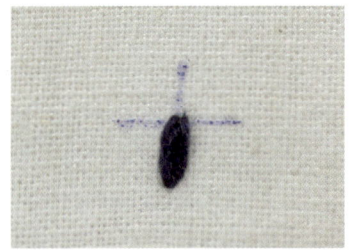

06 레이지 데이지 스티치가 완성되었습니다.
* 레이지 데이지 스티치 36쪽

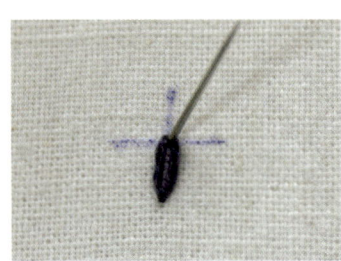

07 레이지 데이지 스티치 고리 안쪽 중심에서 바늘을 빼내 실을 끝까지 당겨 줍니다.

08 레이지 데이지를 마무리한 지점에 바늘을 다시 찔러 넣고 실을 끝까지 당겨 줍니다.

09 레이지 데이지 스티치 위에 스트레이트 한 땀을 수놓아 꽉 채워진 타원 모양을 완성했습니다.
* 스트레이트 스티치 27쪽

10 대칭이 되는 반대편 선도 같은 방식으로 수놓습니다.

11 가로 방향의 선도 같은 방식으로 수놓아 십자 무늬를 완성합니다.

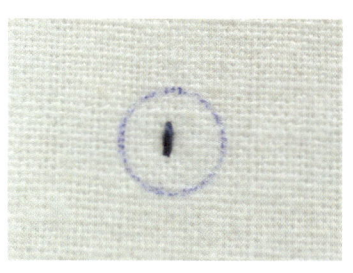

12 원 모양의 도안 중심에 짧은 스트레이트 땀을 만들어 줍니다. 새틴 스티치를 이렇게 시작하면 시작 매듭이 도안선에 걸리는 걸 방지해 줍니다.

13 원의 중심에서부터 새틴 스티치를 시작합니다. 한쪽 면을 먼저 채웁니다.

* 새틴 스티치 52쪽

14 반대편도 같은 방식으로 수놓습니다.

Tip ── 수놓는 방법을 참고하여 다른 디자인으로도 응용해 보세요. 티 코스터 만들기는 76쪽을 참고합니다.

06 음악천재 자수 패치
music genius needle patch

유머러스한 음악천재를 표현한 작품이에요. 터키 스티치로 뽀글뽀글 파마 머리를 표현한 게 특징이랍니다. 한 쌍으로 만들어 이런저런 소품에 달아 보세요.

준비하기

| 남자 캐릭터 |

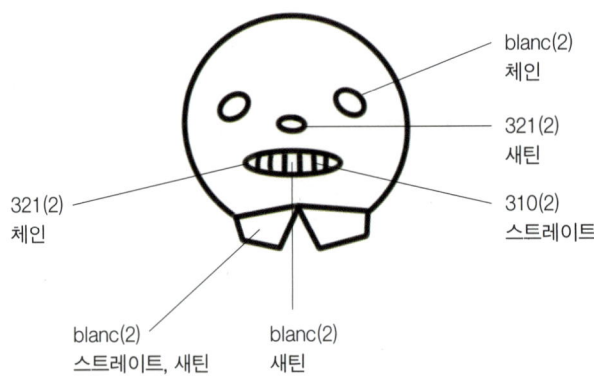

· 머리카락 : 310(6) 터키

사용한 자수실	사용한 스티치	추가 준비물
DMC 25번사 ● 321　● 310　○ blanc	스트레이트 체인 새틴 터키	배경 원단(검은색 린넨 11수) 수예용 본드

| 여자 캐릭터 |

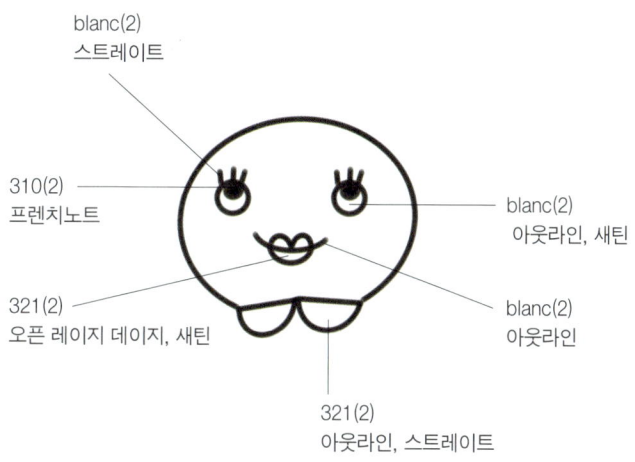

- 머리카락 : 310(6) 터키
- 리본 : 321(4) 리본 묶기

사용한 자수실	사용한 스티치	추가 준비물
DMC 25번사 ● 321 ● 310 ○ blanc	스트레이트, 아웃라인 오픈 레이지 데이지 체인, 프렌치노트 새틴, 터키	배경 원단(검은색 린넨 11수) 수예용 본드

수놓기

| 남자 캐릭터 |

01 도안이 그려진 원단을 수틀에 걸어 줍니다.

02 눈의 테두리를 체인 스티치로 수놓습니다.

＊ 체인 스티치 39쪽

03 코를 새틴 스티치로 수놓습니다.

＊ 새틴 스티치 52쪽

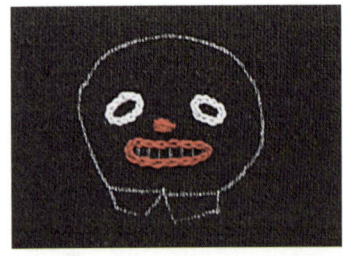

04 입의 테두리를 체인 스티치로 수놓아습니다.

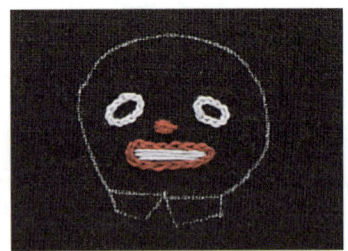

05 입 안쪽을 새틴 스티치로 수놓습니다.

06 옷의 테두리와 안쪽 보조선을 스트레이트 스티치로 수놓습니다.

＊ 스트레이트 스티치 27쪽

07 옷의 테두리를 감싸며 새틴 스티치로 수놓습니다.

08 얼굴의 테두리를 따라 터키 스티치로 머리카락을 표현합니다.

＊ 터키 스티치 55쪽

09 터키 스티치를 완성한 모습입니다.

자수 패치 만들기

01 가장자리 여분을 1cm 남기고 원단을 자른 후 가위집을 냅니다.

02 뒷면에 수예용 본드를 발라 원단을 안쪽으로 접어가며 부착합니다.

03 자수 패치가 완성되었습니다.

04 원하는 옷이나 가방에 자수 패치를 올린 후 310⑵ 자수실로 경계선을 따라 꿰매 고정합니다.

| 여자 캐릭터 |

01 도안이 그려진 원단을 수틀에 걸어 줍니다. 눈과 입의 테두리는 아웃라인 스티치로, 눈썹은 스트레이트 스티치로 수놓습니다.

* 아웃라인 스티치 28쪽

02 눈 안쪽을 새틴 스티치로 수놓습니다.

* 새틴 스티치 52쪽

03 눈동자를 프렌치노트 스티치로 수놓습니다.

* 프렌치노트 스티치 42쪽

04 입술 테두리를 오픈 레이지 데이지로 수놓습니다.

* 오픈 레이지 데이지 스티치 37쪽

05 입술 안쪽을 새틴 스티치로 수놓습니다.

06 옷의 테두리는 아웃라인 스티치로, 안쪽의 보조선은 스트레이트 스티치로 수놓습니다.

* 스트레이트 스티치 27쪽

07 옷의 테두리를 감싸며 새틴 스티치로 수놓습니다.

08 얼굴의 테두리를 따라 터키 스티치로 머리카락을 표현합니다. 중앙의 2가닥은 고리를 2배 정도 길게 수놓아 주세요.

* 터키 스티치 55쪽

09 길게 수놓은 터키 스티치를 기준으로 321(4) 자수실을 사진과 같이 걸어 주세요.

10 리본을 묶은 후 남은 실을 잘라냅니다.

11 103쪽의 과정 ①~④를 참고해 마무리한 후 소품에 부착해 보세요.

07
자수 도구를 수놓은 티슈케이스
embroidery tool tissue case

자수 작업을 하는 테이블에 올려 두면 좋을 것 같아 만들어 본 티슈케이스예요. 기성품 티슈케이스에 자수 도구를 수놓아 간편하게 완성했답니다. 예시는 분홍빛으로 디자인했지만 배경 원단의 색깔에 맞춰서 변형해도 좋습니다.

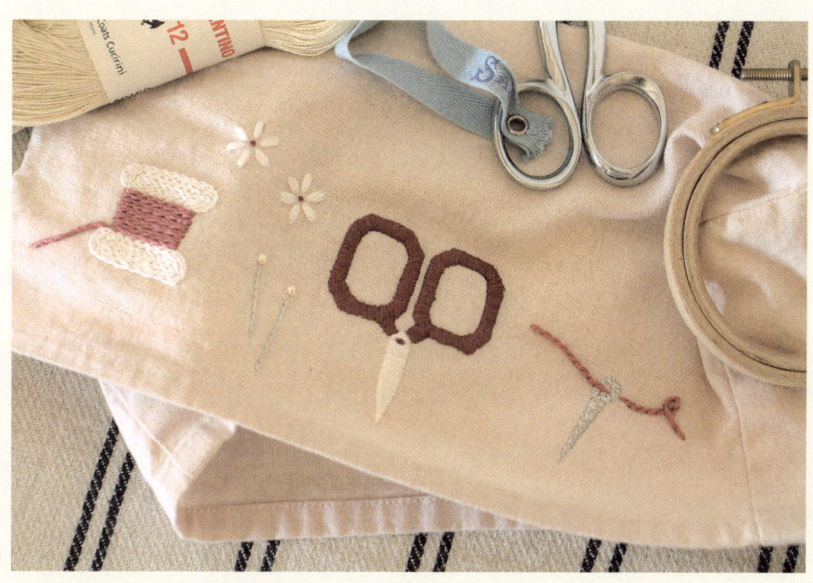

준비하기

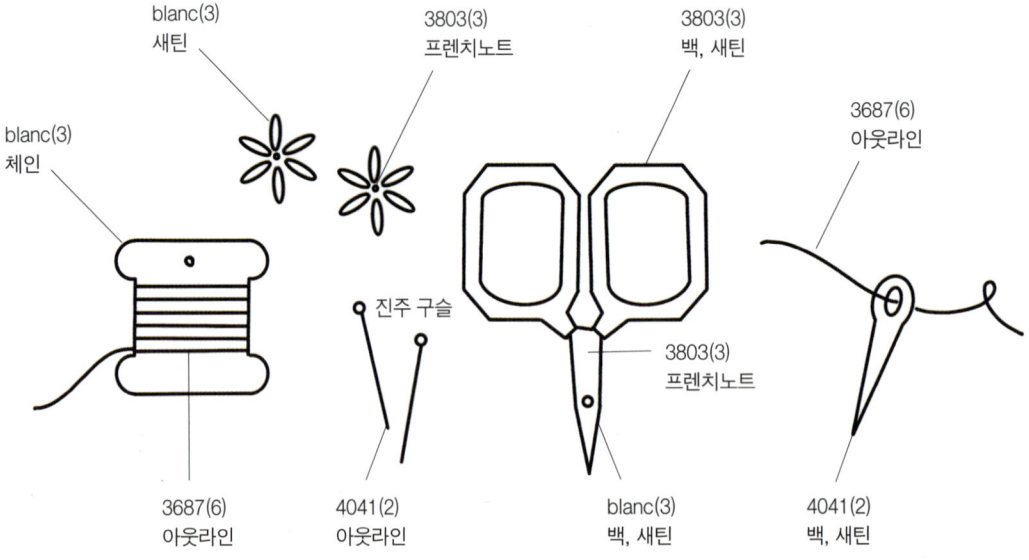

사용한 자수실				사용한 스티치	추가 준비물
DMC 25번사	● 3803	● 3687	○ blanc	아웃라인, 백	기성품 티슈케이스
DMC 메탈릭사	● 4041			체인, 프렌치노트	진주 구슬
				새틴	

수놓기

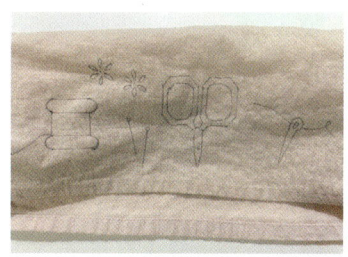

01 기성품 티슈케이스에 도안을 옮겨 그린 후 수틀에 걸어 줍니다.

02 자수 보빈의 끝 부분 테두리를 체인 스티치로 수놓습니다.

* 체인 스티치 39쪽

03 체인 스티치로 안쪽 공간을 메우듯 수놓습니다.

04 하단도 동일하게 수놓습니다.

05 자수실 부분을 아웃라인 스티치로 수놓습니다. 지그재그로 오가며 가로 결로 반복하여 수놓아 주세요.

* 아웃라인 스티치 28쪽

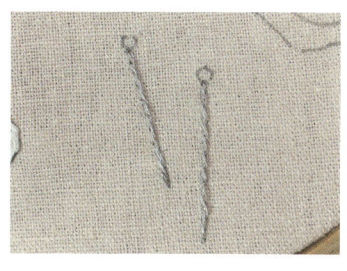

06 시침핀의 핀 부분을 아웃라인 스티치로 수놓습니다.

07 시침핀의 윗부분에 진주 구슬을 올려 실로 고정합니다.

08 꽃잎은 새틴 스티치로, 꽃술은 프렌치노트 스티치로 수놓습니다.

* 새틴 스티치 52쪽,
　프렌치노트 스티치 42쪽

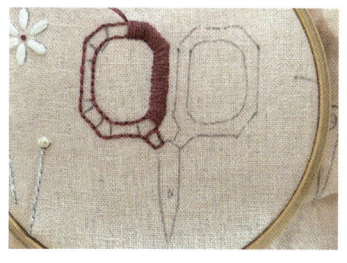

09 가위 손잡이의 테두리를 백 스티치로 수놓습니다.

* 백 스티치 29쪽

 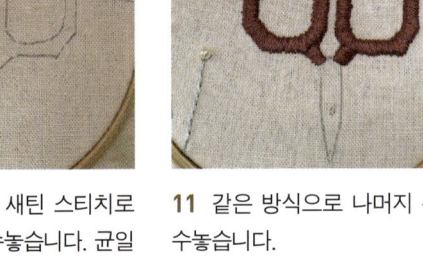 

10 테두리를 감싸며 새틴 스티치로 안쪽 공간을 메우듯 수놓습니다. 균일하게 수놓기가 어렵다면 펜으로 결을 미리 그려 두면 더욱 편합니다.
* 새틴 스티치 52쪽

11 같은 방식으로 나머지 손잡이를 수놓습니다.

12 가위날의 테두리를 따라 백 스티치를 한 후 테두리를 감싸며 새틴 스티치로 안쪽 공간을 메우듯 수놓습니다.
* 백 스티치 29쪽

13 바늘의 테두리를 따라 백 스티치로 수놓습니다.

14 바늘귀 부분은 원 모양대로, 바늘대 부분은 가로결로 새틴 스티치하여 안쪽 공간을 메우듯 수놓습니다.

15 바늘 귀에 걸린 실은 아웃라인 스티치로 수놓습니다.
* 아웃라인 스티치 28쪽

16 자수가 모두 완성되었습니다. 티슈곽에 끼워 사용합니다.

08 꽃자수 알파벳 레터링 책갈피
flower lettering bookmark

A부터 Z까지 알파벳에 작은 꽃으로 포인트를 주어 레터링 자수 디자인을 완성했어요. 해당 도안을 활용하면 원하는 문구가 새겨진 소품을 만들 수 있답니다. 저는 'BOOK MARK'라는 단어를 새겨 책갈피를 만들어 보았습니다.

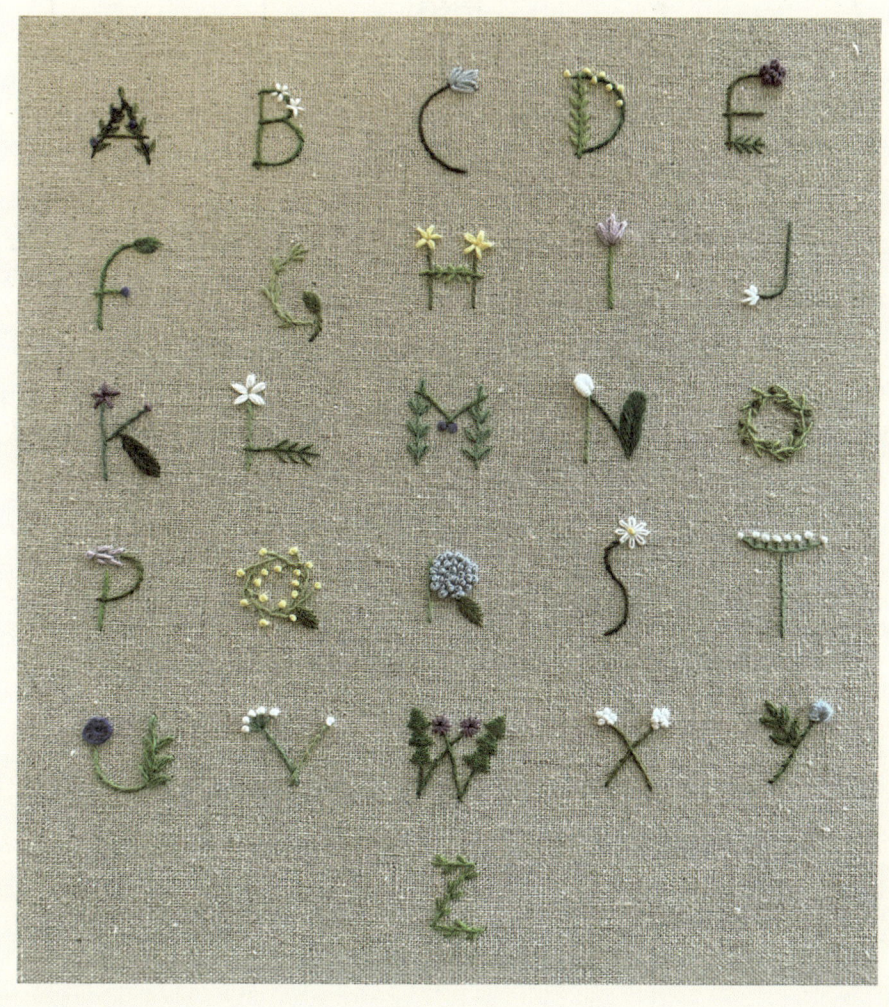

준비하기

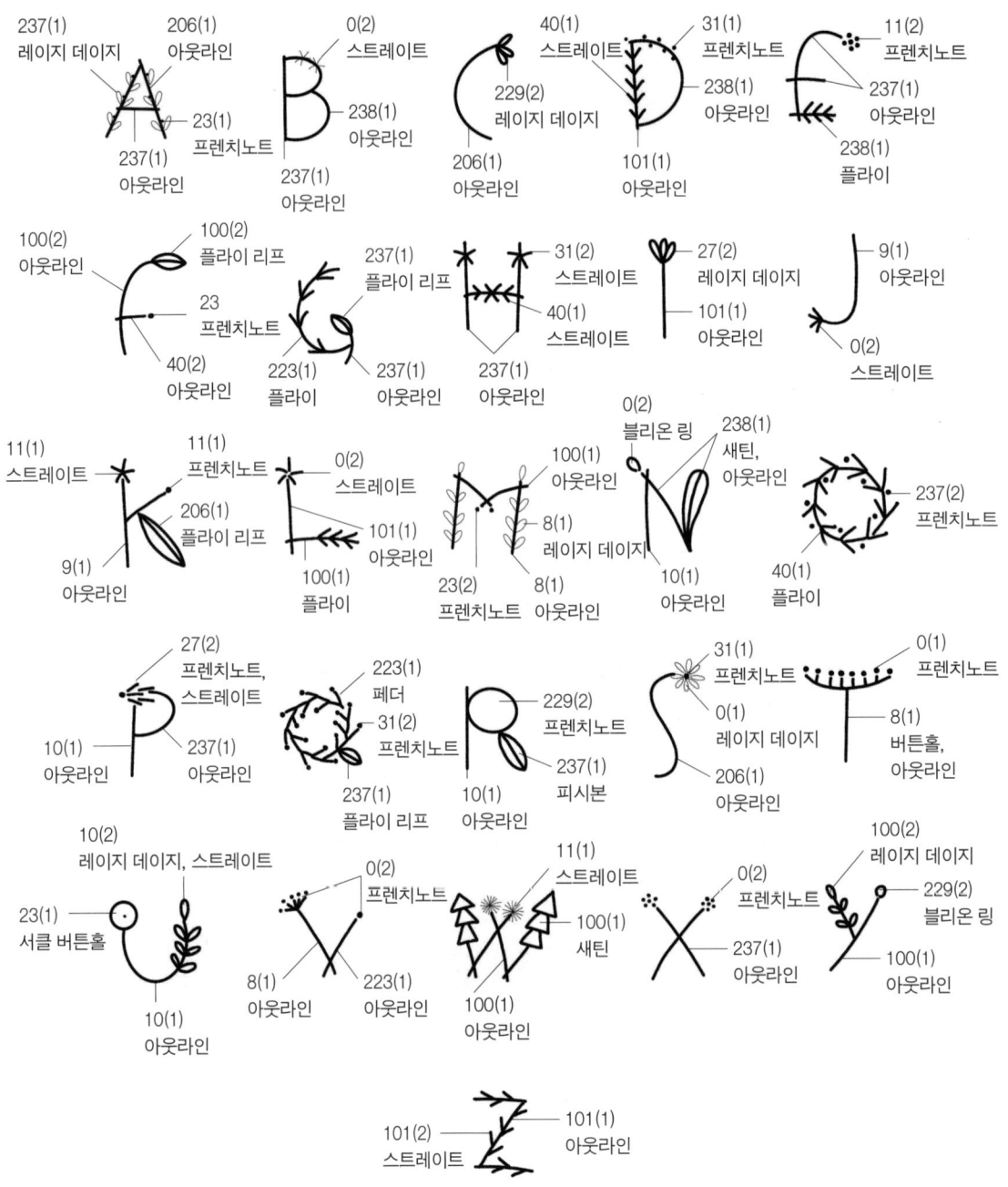

· 줄기 → 잎 → 꽃 순서로 수놓습니다. 알파벳 조합 시 이어지는 글자가 무엇이냐에 따라 꽃의 색이 조화롭지 못할 수 있으니 줄기와 잎을 모두 작업한 후 꽃의 색은 어울리게 조합해 주세요.

A 사용한 자수실
덴마크 꽃실
- 23
- 206
- 237

사용한 스티치
아웃라인
레이지 데이지
프렌치노트

B 사용한 자수실
덴마크 꽃실
- 0
- 237
- 238

사용한 스티치
스트레이트
아웃라인

C 사용한 자수실
덴마크 꽃실
- 206
- 229

사용한 스티치
아웃라인
레이지 데이지

D 사용한 자수실
덴마크 꽃실
- 31
- 40
- 101
- 238

사용한 스티치
스트레이트
아웃라인
프렌치노트

E 사용한 자수실
덴마크 꽃실
- 11
- 237
- 238

사용한 스티치
아웃라인
프렌치노트
플라이

F 사용한 자수실
덴마크 꽃실
- 23
- 40
- 100

사용한 스티치
아웃라인
프렌치노트
플라이 리프

G 사용한 자수실
덴마크 꽃실
- 223
- 237

사용한 스티치
아웃라인
플라이
플라이 리프

H 사용한 자수실
덴마크 꽃실
- 31
- 40
- 237

사용한 스티치
스트레이트
아웃라인

I 사용한 자수실
덴마크 꽃실
- 27
- 101

사용한 스티치
아웃라인
레이지 데이지

J 사용한 자수실
덴마크 꽃실
- 0
- 9

사용한 스티치
스트레이트
아웃라인

K 사용한 자수실	사용한 스티치
덴마크 꽃실 ● 9 ● 11 ● 206	스트레이트 아웃라인, 프렌치노트 플라이 리프

L 사용한 자수실	사용한 스티치
덴마크 꽃실 ○ 0 ● 100 ● 101	스트레이트 아웃라인 플라이

M 사용한 자수실	사용한 스티치
덴마크 꽃실 ● 8 ● 23 ● 100	아웃라인 레이지 데이지 프렌치노트

N 사용한 자수실	사용한 스티치
덴마크 꽃실 ○ 0 ● 10 ● 238	아웃라인 새틴 블리온 링

O 사용한 자수실	사용한 스티치
덴마크 꽃실 ● 40 ● 237	프렌치노트 플라이

P 사용한 자수실	사용한 스티치
덴마크 꽃실 ● 10 ● 27 ● 237	스트레이트 아웃라인 프렌치노트

Q 사용한 자수실	사용한 스티치
덴마크 꽃실 ● 31 ● 223 ● 237	페더 프렌치노트 플라이 리프

R 사용한 자수실	사용한 스티치
덴마크 꽃실 ● 10 ● 229 ● 237	아웃라인 프렌치노트 피시본

S 사용한 자수실	사용한 스티치
덴마크 꽃실 ○ 0 ● 31 ● 206	아웃라인 레이지 데이지 프렌치노트

T 사용한 자수실	사용한 스티치
덴마크 꽃실 ○ 0 ● 8	아웃라인 프렌치노트 버튼홀

U 사용한 자수실	사용한 스티치	V 사용한 자수실	사용한 스티치
덴마크 꽃실 ● 10　● 23	스트레이트, 아웃라인 레이지 데이지 서클 버튼홀	덴마크 꽃실 ○ 0　● 8 ● 223	아웃라인 프렌치노트

W 사용한 자수실	사용한 스티치	X 사용한 자수실	사용한 스티치
덴마크 꽃실 ● 11　● 100	스트레이트 아웃라인 새틴	덴마크 꽃실 ○ 0　● 237	아웃라인 프렌치노트

Y 사용한 자수실	사용한 스티치	Z 사용한 자수실	사용한 스티치
덴마크 꽃실 ● 100　● 229	아웃라인 레이지 데이지 블리온 링	덴마크 꽃실 ● 101	스트레이트 아웃라인

책갈피 만들기

01 도안 가이드를 참고해 원단에 마음에 드는 문구를 수놓아 줍니다.

02 뒷면에 원하는 크기로 책갈피 선을 그려 줍니다. 예시의 크기는 19×4cm입니다.

03 창구멍을 제외하고 도안선을 따라 박음질로 꿰매 줍니다. 가장자리 여분을 5mm 정도 남기고 모양대로 자른 후 모서리도 잘라 줍니다.

* 박음질 24쪽

04 창구멍 사이로 원단을 뒤집은 후 창구멍을 공그르기로 꿰매 줍니다.

* 공그르기 25쪽

05 펀치를 이용하여 구멍을 뚫어 줍니다. 이때, 구멍 주변의 올이 풀려도 괜찮습니다.

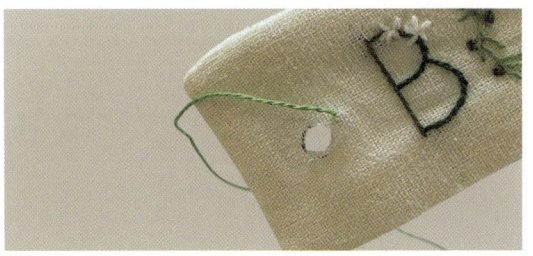

06 원하는 색의 실을 바늘에 꿰어 원단과 원단 사이 안쪽으로 매듭을 숨겨 줍니다.

07 테두리를 둘러가며 새틴 스티치로 수놓습니다. 삐뚤빼뚤해도 괜찮습니다. 좀 더 가지런하게 수놓고 싶다면 테두리를 따라 먼저 백 스티치를 해준 후 이를 감싸며 새틴 스티치를 진행하세요.

＊ 새틴 스티치 52쪽

08 책갈피를 뒤집은 후 새틴 스티치 뒤쪽으로 바늘을 넣어 마무리합니다.

09 사진과 같이 매듭 지은 끈을 준비합니다.

10 구멍에 끈을 걸어 책갈피를 완성합니다.

09

작은 식물 니들케이스
small plant needle case

숲속의 작은 식물들을 귀여운 아이콘처럼 표현해 보았어요. 지갑 형태의 니들케이스 만드는 법도 함께 소개할게요. 마음에 드는 자수 한두 개를 골라 포인트를 주고 싶은 작은 소품에 수놓아도 좋아요.

준비하기

| 니들케이스 |

크기 : 18.5×10.5cm(안쪽 18×10cm)

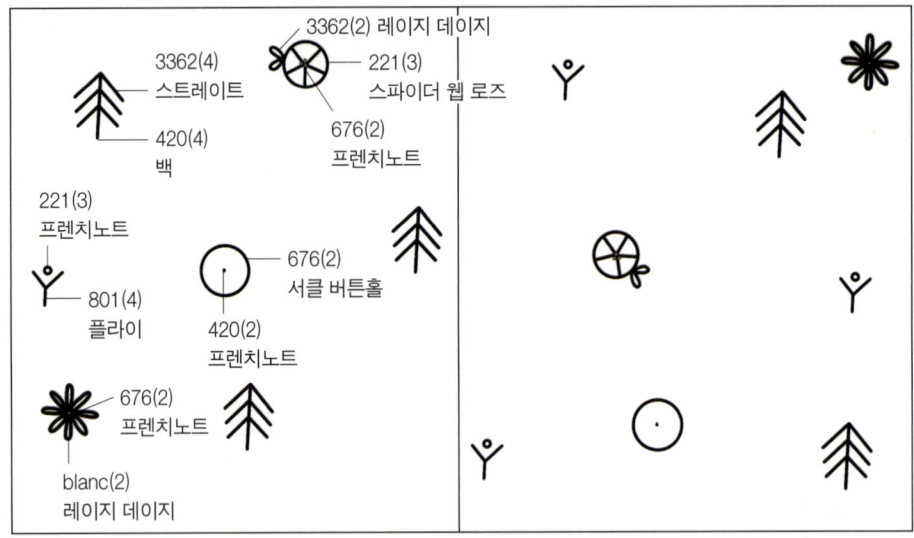

| 핀쿠션 |

크기 : 9×2cm

사용한 자수실	사용한 스티치	추가 준비물
DMC 25번사	스트레이트, 백	배경 원단
● 420 ● 3362 ● 221	레이지 데이지, 프렌치노트	(네추럴 린넨 11수, 갈색 린넨 11수)
● 676 ● 801 ○ blanc	플라이, 서클 버튼홀	퀼팅솜 2온스
	스파이더 웹 로즈	나무 구슬

수놓기

· 과정은 니들케이스를 기준으로 소개합니다.

01 도안이 그려진 원단을 수틀에 걸어 줍니다.

02 나무 기둥을 백 스티치로 수놓습니다.

* 백 스티치 29쪽

03 잎을 스트레이트 스티치로 수놓습니다.

* 스트레이트 스티치 27쪽

04 동백꽃을 스파이더 웹 로즈 스티치로 수놓습니다. 보조선을 그리고 수놓으면 더욱 편해요.

* 스파이더 웹 로즈 스티치 56쪽

05 잎을 레이지 데이지 스티치로 수놓습니다.

* 레이지 데이지 스티치 36쪽

06 꽃술 3개를 프렌치노트 스티치로 수놓습니다.

* 프렌치노트 스티치 42쪽

07 나뭇가지는 플라이 스티치로, 열매는 프렌치노트 스티치로 수놓습니다.

* 플라이 스티치 43쪽

08 노란색 꽃을 서클 버튼홀 스티치로 수놓습니다.

* 서클 버튼홀 스티치 47쪽

09 꽃술을 프렌치노트 스티치로 수놓습니다.

10 흰색 꽃잎은 레이지 데이지 스티치로, 꽃술은 프렌치노트 스티치로 수놓습니다.

＊ 레이지 데이지 스티치 36쪽
　프렌치노트 스티치 42쪽

11 남은 자수들도 같은 방식으로 수놓습니다.

니들케이스 만들기

01 퀼팅솜을 18.5×10.5cm 크기로 잘라 2장 준비합니다. 자수를 놓은 원단과 뒷면 원단은 가장자리 여분을 2cm 남기고 잘라 준비합니다.

02 뒷면 원단에 퀼팅솜을 올립니다.

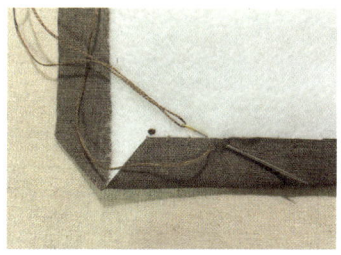

03 원단을 안쪽으로 접어 감침질로 퀼팅솜과 고정시킵니다.
* 감침질 25쪽

04 테두리 전체를 고정시킨 상태입니다.

05 앞면 원단도 동일하게 작업합니다.

06 앞면 뒷면 원단의 안쪽면이 마주 보도록 겹칩니다.

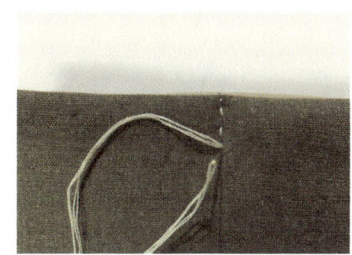

07 2장을 함께 러닝 스티치로 고정시킵니다.
* 러닝 스티치 30쪽

08 러닝 스티치가 완성되었습니다.

09 앞에서 본 모습입니다.

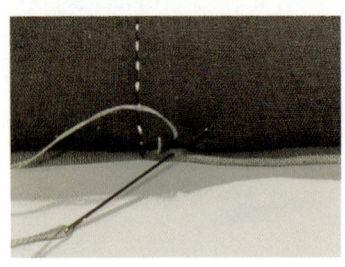

10 아래쪽 가운데서부터 가장자리를 따라 앞면과 뒷면을 함께 감침질로 고정시킵니다.
* 감침질 25쪽

11 감침질이 모두 끝나면 바늘을 가장자리에서 살짝 멀리 아무 곳에나 찔러 넣어 줍니다.

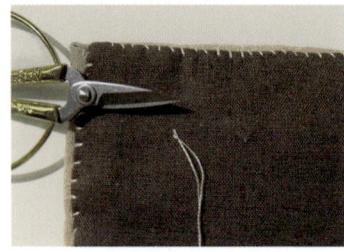

12 다시 바늘을 빼낸 후 실을 잘라내어 매듭지어 줍니다.

13 귀여운 손바느질 느낌이 나도록 의도적으로 삐뚤빼뚤하게 바느질했습니다.

14 가장자리 왼쪽 중앙에 나무 구슬을 달아 줍니다.

15 구슬과 원단을 8회 정도 오가며 튼튼하게 고정시킵니다.

16 한쪽 구석에서 매듭을 지어 줍니다. 매듭은 가로로 짧게 잘라 줍니다.

17 반대편 가장자리 중앙에 실을 4회 정도 겹쳐 고리를 만듭니다.

18 디테치드 버튼홀 스티치로 고정해 줍니다. 이때 실은 6가닥을 사용합니다.
* 디테치드 버튼홀 스티치 48쪽

19 매듭을 지어 고리를 마무리합니다.

20 니들케이스가 완성되었습니다.

Tip —— 122쪽의 도안을 참고해 좀 더 쉬운 버전의 일자 모양 핀쿠션도 만들어 보세요.

10

숲을 담은 티슈케이스와 티코스터
forest tissue case & tea coaster

가을의 숲을 옮겨 놓은 듯한 티슈케이스와 티코스터입니다. 차분하고 따뜻한 색감의 실을 사용해 편안한 느낌을 줍니다. 얼핏 복잡해 보일 수 있지만 같은 디자인을 반복하면서 문양을 만드는 것이기에 어렵지 않아요.

준비하기

| 티슈케이스 |

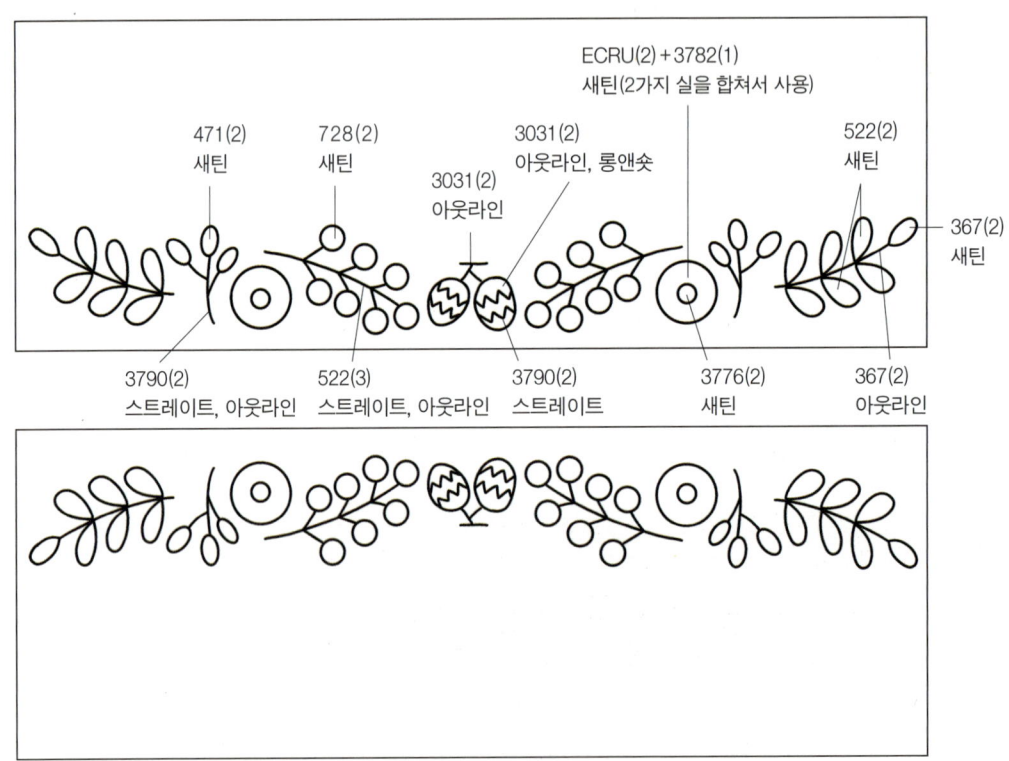

사용한 자수실

DMC 25번사
- 471
- 3790
- 728
- 3031
- 3776
- ECRU
- 3782
- 367
- 522

사용한 스티치

스트레이트
아웃라인
새틴
롱앤숏

추가 준비물

배경 원단
(연갈색 린넨 11수)

티슈케이스 전개도

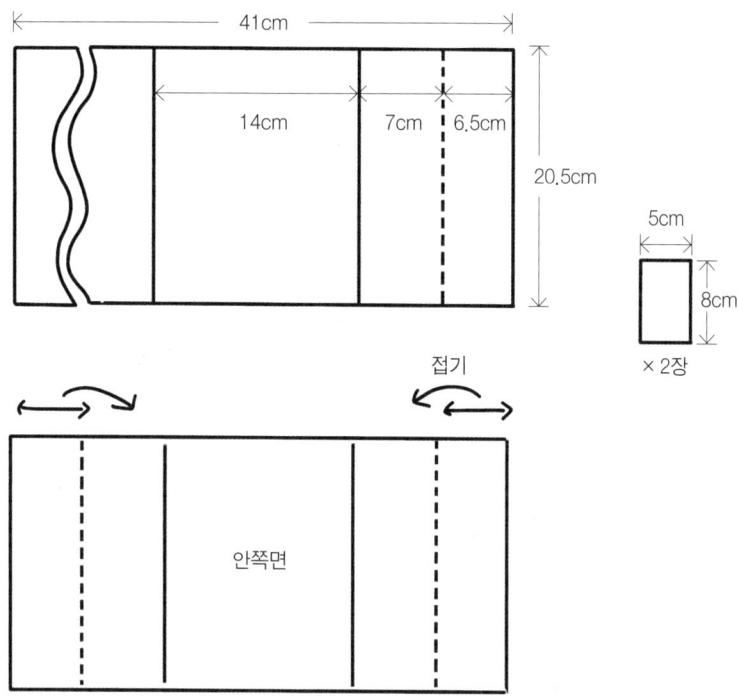

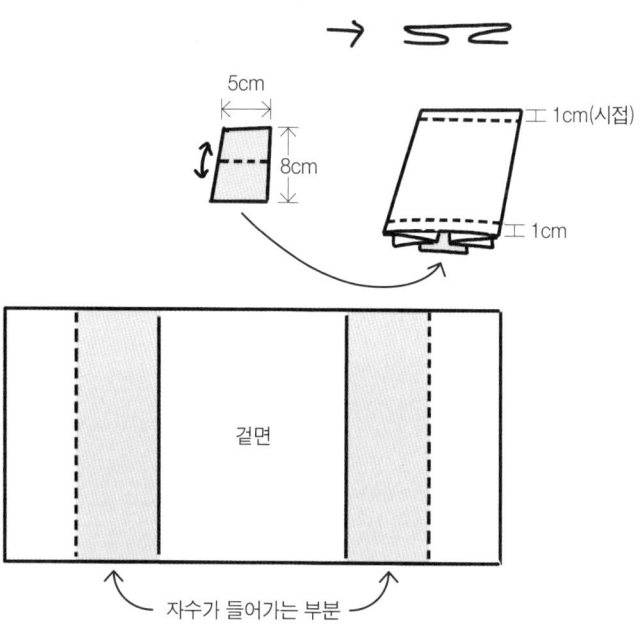

자수가 들어가는 부분

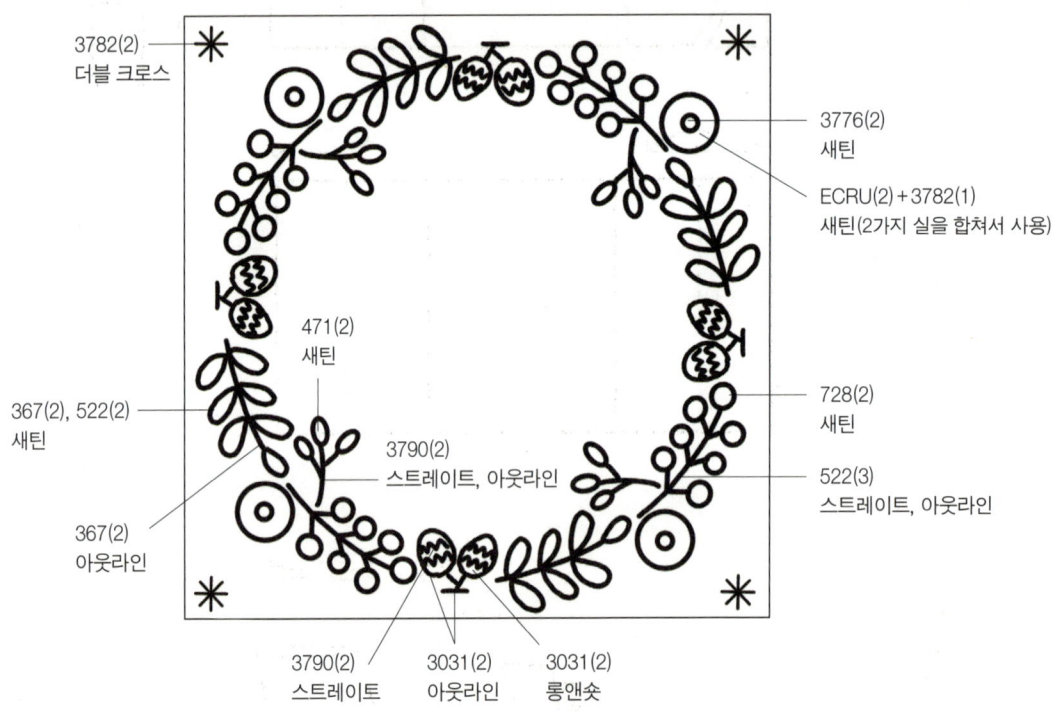

| 티코스터 |
크기 : 12×12cm

사용한 자수실

DMC 25번사

- 471
- 3790
- 728
- 3031
- 3776
- ECRU
- 3782
- 367
- 522

사용한 스티치

스트레이트
아웃라인
새틴, 롱앤숏
더블 크로스

추가 준비물

배경 원단
(미색 린넨 11수, 연갈색 린넨 11수)
수용성 심지

수놓기

· 과정은 티슈케이스를 기준으로 소개합니다.

01 원단을 41×20.5cm(1장), 5×8cm(2장) 크기로 잘라 준비합니다.

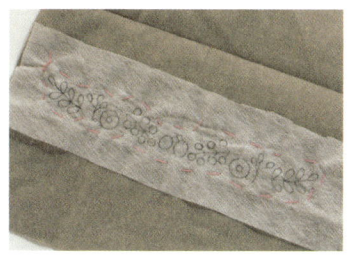

02 수용성 심지에 도안을 그린 후 자수가 들어가는 위치에 올려 시침질로 고정시킵니다.

＊ 시침질 24쪽

03 사진에서 작업한 위치와 대칭이 되는 쪽에도 동일한 과정으로 시침질해 심지를 고정시킵니다. 131쪽의 전개도를 참고해 위치를 파악하세요.

04 미모사의 작은 줄기를 스트레이트 스티치로 수놓습니다.

＊ 스트레이트 스티치 27쪽

05 긴 줄기를 아웃라인 스티치로 수놓습니다.

＊ 아웃라인 스티치 28쪽

06 미모사의 꽃을 새틴 스티치로 수놓습니다.

＊ 새틴 스티치 52쪽

07 왼쪽 열매의 짧은 줄기는 스트레이트 스티치로, 긴 줄기는 아웃라인 스티치로 수놓습니다.

08 열매를 새틴 스티치로 수놓습니다.

09 솔방울의 모든 라인을 아웃라인 스티치로 수놓습니다.

10 솔방울 안쪽을 롱앤숏 스티치로 메우듯 수놓습니다.

＊ 롱앤숏 스티치 54쪽

11 같은 방식으로 솔방을 2개롤 모두 수놓습니다.

12 솔방울의 무늬를 스트레이트 스티치로 표현합니다.

＊ 스트레이트 스티치 27쪽

13 꽃 안쪽에 사진과 같이 가이드 선을 만들어 둔 후 새틴 스티치로 수놓습니다. 가이드 선을 만들어 두면 결이 좀 더 균일합니다.

＊ 새틴 스티치 52쪽

14 꽃술을 새틴 스티치로 수놓습니다.

15 가장 왼쪽 식물의 줄기는 아웃라인 스티치로 잎은 새틴 스티치로 수놓습니다.

＊ 아웃라인 스티치 28쪽

티슈케이스 만들기

01 양쪽 모두 수를 놓았다면 도안선을 따라 사진의 오른쪽 부분과 같이 원단을 접어 줍니다.

02 양쪽 모두 접어 준 상태입니다.

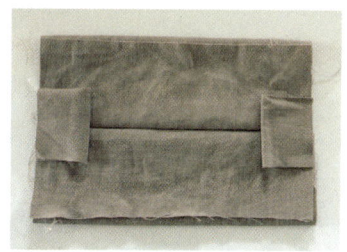

03 5×8cm 크기로 잘라 둔 작은 원단을 가로로 반 접어 접힌 부분이 안쪽을 향하도록 위치를 잡아 줍니다.

04 시침핀으로 위치를 고정한 후 양 끝에 1cm 간격의 바느질 보조선을 그립니다.

05 선을 따라 박음질로 꿰매거나 재봉틀로 꿰매 줍니다.

* 박음질 24쪽

06 구멍을 통해 원단을 뒤집어 모양을 잡아 줍니다.

07 티슈케이스가 완성되었습니다.

Tip —— 132쪽의 도안을 참고해 좀 더 쉬운 버전의 티코스터도 만들어 보세요.

11 리스 티코스터 4종
wreath tea coaster

크리스마스에 문에 걸어 두는 리스(wreath)를 만든다는 생각으로 다양한 꽃과 풀을 둥글게 수놓아 보았어요. 4가지 디자인을 담았으니 취향에 맞게 응용해 보세요. 조금 더 쉬운 형태로 만들고 싶다면 사각 티코스터 도안을 참고해 주세요.

준비하기

| 곶자왈 리스 |

사용한 자수실

DMC 25번사
- 3777
- 838
- 3862
- 613
- 936
- 3820

사용한 스티치

스트레이트
아웃라인, 백
프렌치노트, 새틴
더블 크로스

추가 준비물

배경 원단
(네추럴 워싱무명 10수)

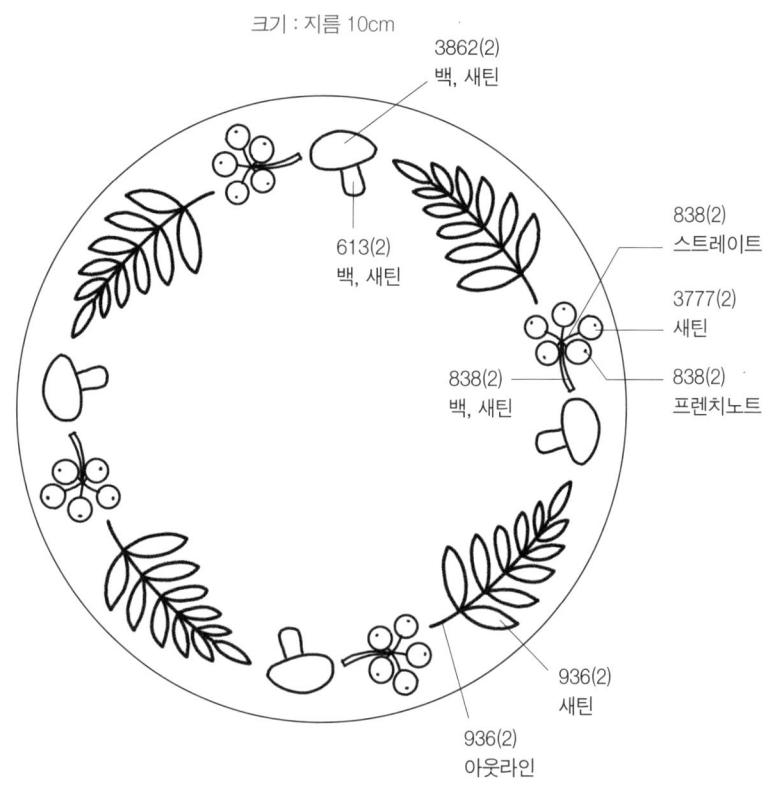

| 데이지 리스 |

사용한 자수실	사용한 스티치	추가 준비물
DMC 25번사 ● 156　● 157　● 3746 ● 704　● 725　● 987 ○ blanc	스트레이트 아웃라인 새틴	배경 원단 (네추럴 린넨 11수)

크기 : 지름 10cm

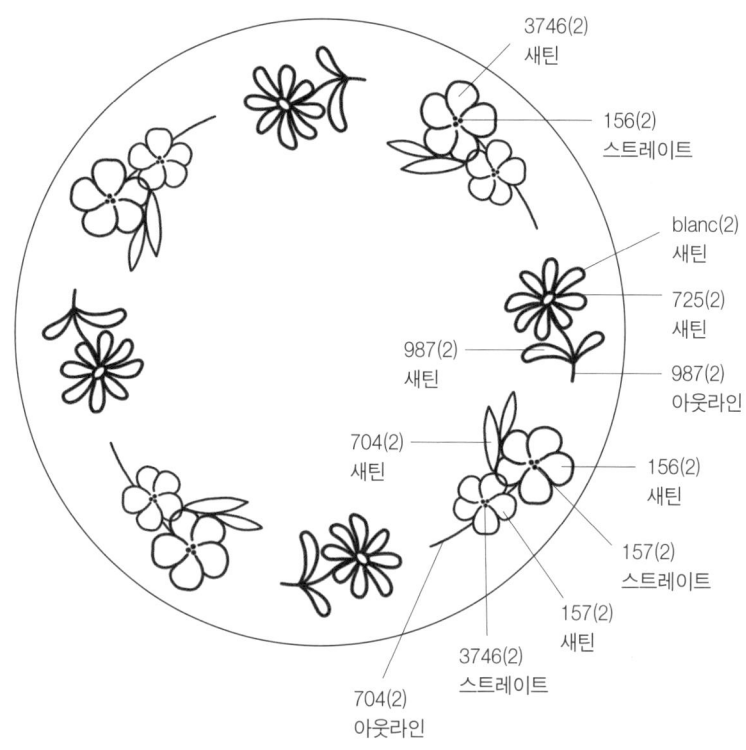

크기 : 10×10cm

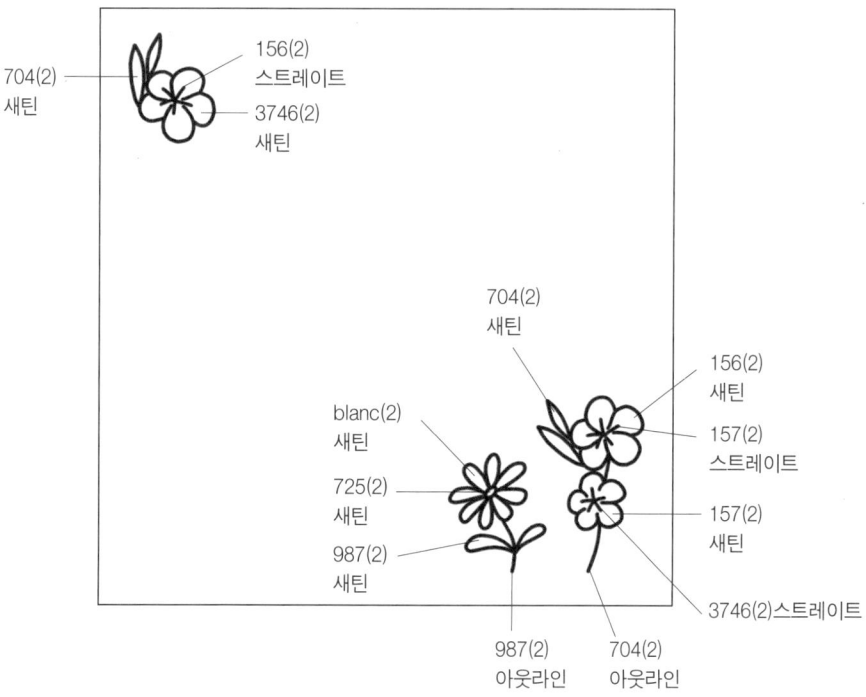

| 수국 리스 |

사용한 자수실	사용한 스티치	추가 준비물
DMC 25번사 ● 793　● 502　● 503 ● 704　● 726　● 987	아웃라인 새틴	배경 원단 (네추럴 린넨 11수)

크기 : 지름 10cm

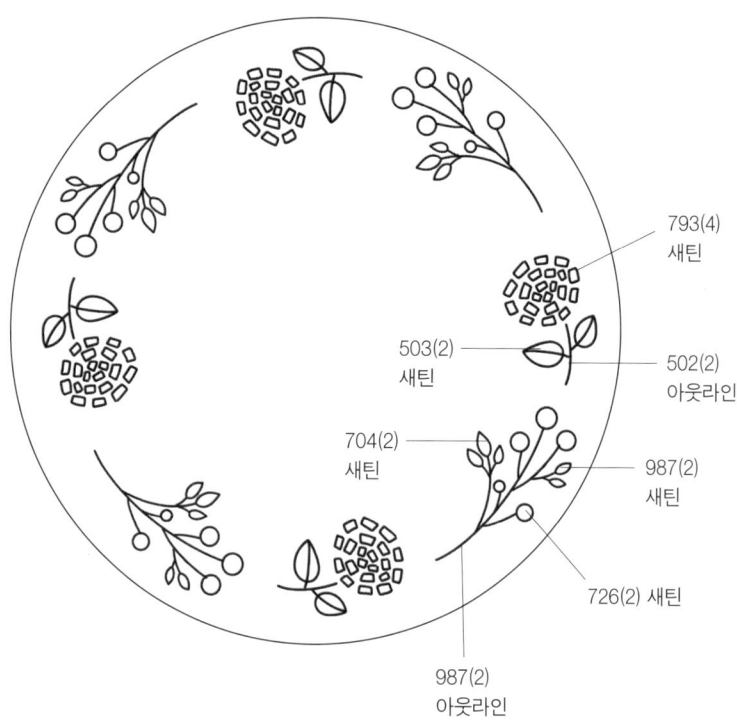

793(4) 새틴
503(2) 새틴
502(2) 아웃라인
704(2) 새틴
987(2) 새틴
726(2) 새틴
987(2) 아웃라인

크기 : 10×10cm

| 튤립 리스 |

사용한 자수실	사용한 스티치	추가 준비물
DMC 25번사 ● 725　● 301　● 817 ● 816　● 904　● 453 ● 3348　● 826	아웃라인 프렌치노트 새틴	배경 원단 (네추럴 무명 10수)

크기 : 지름 10cm

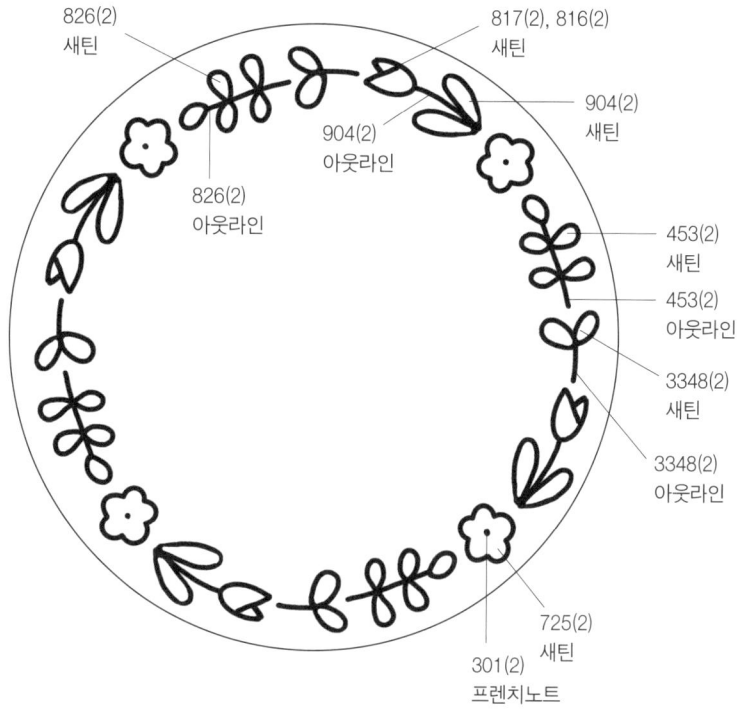

크기 : 10×10cm

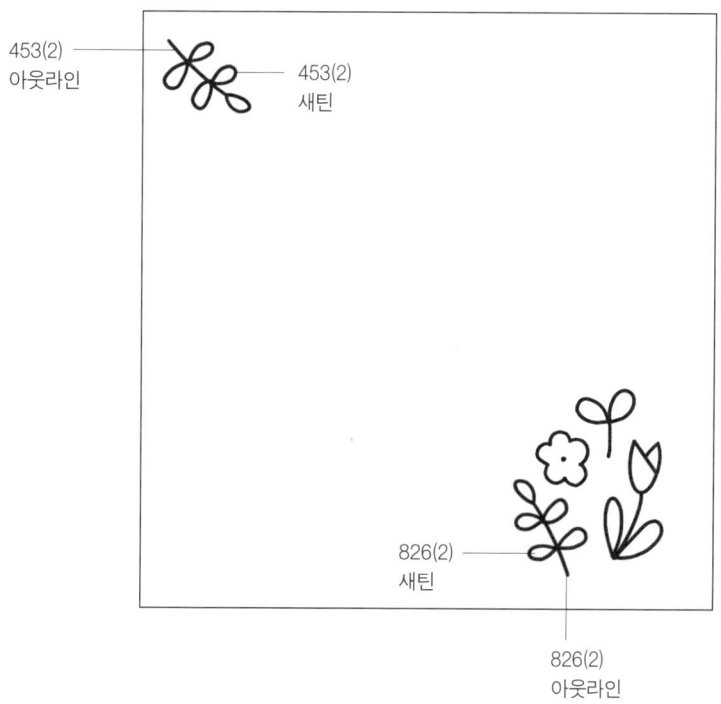

수놓기

· 과정은 곶자왈 리스를 기준으로 소개합니다.

01 도안이 그려진 원단을 수틀에 걸어 줍니다.

02 버섯 갓의 테두리를 백 스티치로 수놓습니다.

＊백 스티치 29쪽

03 테두리를 감싸며 새틴 스티치를 해 줄 것입니다. 우선 테두리 바깥의 중간 지점에서 바늘을 빼냅니다.

＊새틴 스티치 52쪽

04 맞은 편 테두리 바깥의 중간 지점으로 바늘을 넣습니다.

05 가운데부터 세로결로 새틴 스티치를 시작합니다. 한쪽 방향으로 반복하여 절반을 채웁니다.

06 다시 가운데로 돌아와 반대쪽도 같은 방식으로 수놓습니다.

07 버섯 기둥의 테두리를 백 스티치로 수놓습니다.

08 위쪽에서부터 테두리를 감싸며 새틴 스티치로 수놓습니다.

09 버섯이 완성되었습니다.

10 고사리의 줄기를 아웃라인 스티치로 수놓습니다.

* 아웃라인 스티치 28쪽

11 잎은 중심에서부터 새틴 스티치로 수놓습니다.

12 한쪽 방향으로 반복하여 절반을 채웁니다. 다시 중간으로 돌아와 반대쪽도 같은 방식으로 수놓습니다.

13 왼쪽 잎들을 먼저 수놓습니다.

14 반대쪽 잎들도 같은 방식으로 수놓습니다.

15 나뭇가지의 열매는 중심에서부터 새틴 스티치로 수놓습니다. 잎을 수놓을 때와 같은 방식으로 절반 먼저 채우고 나머지를 수놓아 주세요.

＊ 새틴 스티치 52쪽

16 나머지 열매도 모두 새틴 스티치로 수놓습니다.

17 작은 가지를 스트레이트 스티치로 수놓습니다.

＊ 스트레이트 스티치 27쪽

18 나뭇가지의 테두리를 백 스티치로 수놓습니다.

＊ 백 스티치 29쪽

19 테두리를 감싸며 새틴 스티치로 수놓습니다.

20 열매에 프렌치노트 스티치를 수놓아 입체감을 줍니다.

＊ 프렌치노트 스티치 42쪽

Tip —— 141쪽, 143쪽, 145쪽의 도안을 참고해 다른 디자인의 식물 자수 티코스터도 만들어 보세요. 티코스터를 만들 때는 76쪽을 참고해 자수 원단에 뒷면 원단을 덧대거나 자수 원단을 반 접어 만듭니다.

12 도넛 자수 손거울
donut hand mirror

동그란 손거울에 동그란 도넛을 올려 재밌는 느낌을 연출해 보았어요. '디테치드 버튼홀' 스티치를 익혀 두면 입체적인 링 형태를 만들 수 있습니다. 도넛은 필링 부분 디자인을 변형해 9가지 다채로운 맛으로 소개할게요.

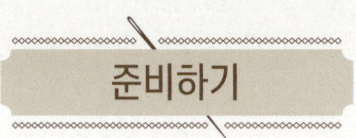

준비하기

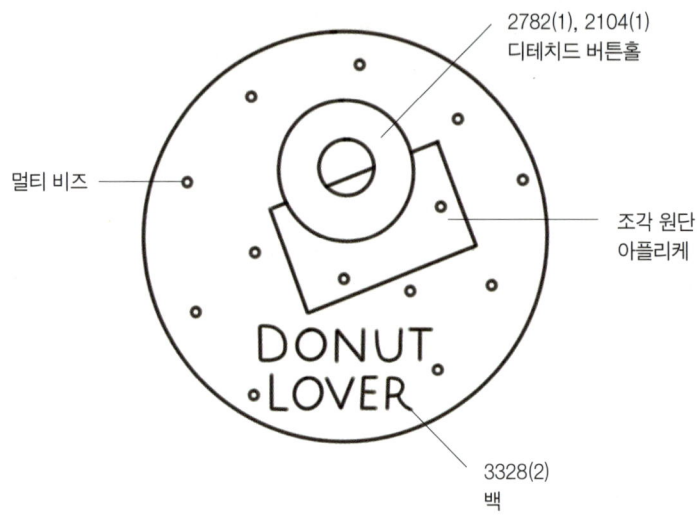

사용한 자수실		사용한 스티치	추가 준비물
DMC 25번사	● 3328	백	배경 원단
DMC 4번사	● 2782 ● 2104	디테치드 버튼홀	(린넨 노란색 11수, 하늘색 체크 린넨 11수)
		아플리케	반제품 양면 손거울(지름 5.5cm)
			수예용 본드, 멀티 비즈

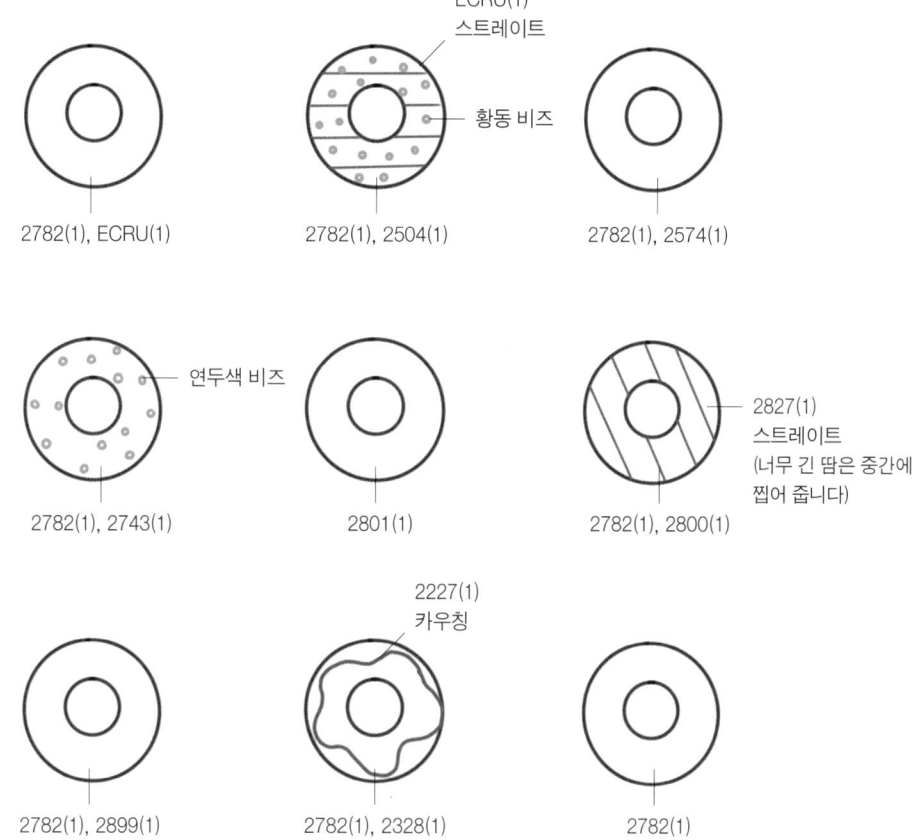

- 글씨를 제외한 나머지 도넛은 모두 DMC 4번사로 수놓습니다.
- 도넛의 빵과 필링 부분은 모두 디테치드 버튼홀 스티치로 수놓습니다.

수놓기

01 도안이 그려진 원단을 수틀에 걸어 줍니다.

02 조각 원단을 아플리케로 꿰매 줍니다.

* 아플리케 24쪽

03 도넛 안쪽 원의 테두리를 백 스티치로 수놓습니다. 땀은 8~9개 정도가 적당합니다. 디테치드 버튼홀 스티치를 하기 위한 준비 단계입니다.

* 백 스티치 29쪽

04 백 스티치 한 땀에 1회씩 버튼홀을 걸어 한 바퀴 돌려 줍니다.

* 디테치드 버튼홀 스티치 48쪽

05 한 바퀴 더 돌려준 다음 마무리합니다.

06 실의 색을 필링용으로 바꾼 후 한 땀당 2회씩 버튼홀을 걸어 한 바퀴 돌려 줍니다.

07 다시 한 땀당 1회씩 버튼홀을 걸어 총 세 바퀴를 감아 줍니다.

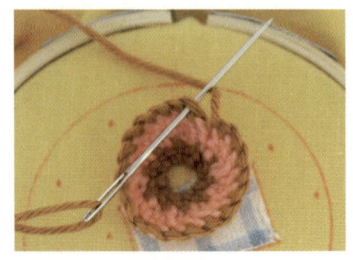

08 다시 빵 색깔 실로 교체하여 한 땀당 1회씩 버튼홀을 걸어 한 바퀴를 감아 주는데 이때 실을 위쪽으로 당겨가며 돌려 줍니다.

09 위쪽으로 당기다 보면 자수가 사진과 같이 오목한 그릇 형태를 띠게 됩니다.

10 한 바퀴 더 감아 주세요.

11 손으로 자수 면을 뒤집어 도넛 형태로 다듬어 줍니다.

12 도안선에 맞게 바늘을 찔러 넣어 도넛을 원단에 고정시킵니다.

13 사진과 같이 군데군데 고정해 주세요.

14 글씨를 백 스티치로 수놓습니다.

* 백 스티치 29쪽

15 배경 원단 곳곳에 멀티 비즈를 달아 장식합니다.

손거울 만들기

01 가장자리 여분을 3cm 정도 남기고 원단을 잘라 줍니다.

02 여분의 중간 지점을 시침질하여 거울 반제품 앞판을 대고 실을 당겨 고정시킵니다.

* 시침질 24쪽

03 앞판이 준비되었습니다.

04 반제품 양면 손거울에 수예용 본드나 목공풀을 발라 줍니다.

05 완성된 자수 앞판을 붙인 후 본드가 완전히 굳을 때까지 말려 줍니다.

Tip ── 153쪽의 도안을 참고해 다른 디자인의 도넛 자수 손거울도 만들어 보세요.

13

고양이 강아지 키링
cat dog keyring

2가지 색깔의 실로 간단하게 수놓아 고양이, 강아지 키링을 만들어 보았어요. 반려동물을 키우는 지인에게 선물하기 더없이 좋답니다. 키링 용도 외 가방에 소품처럼 달아도 잘 어울려요.

준비하기

| 고양이 |

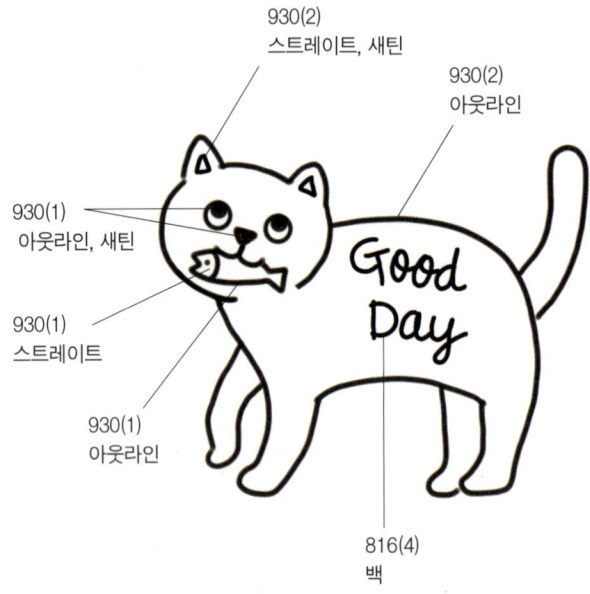

사용한 자수실	사용한 스티치	추가 준비물
DMC 25번사 ● 930　● 816	스트레이트 아웃라인 백 새틴	배경 원단(미색 린넨 11수) 금색 D링 방울솜

| 강아지 |

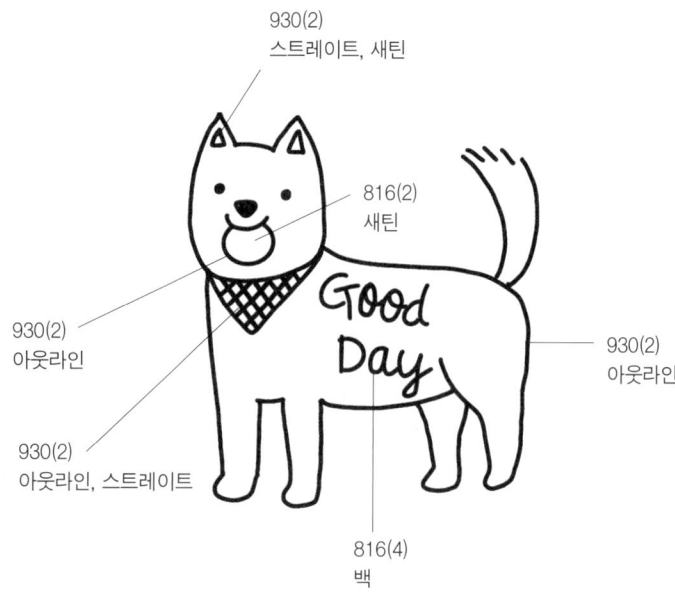

사용한 자수실	사용한 스티치	추가 준비물
DMC 25번사 ● 930 ● 816	스트레이트 아웃라인 백 새틴	배경 원단(미색 린넨 11수) 금색 D링 방울솜

수놓기

· 과정은 고양이 키링을 기준으로 소개합니다.

01 도안이 그려진 원단을 수틀에 걸어 줍니다. 가장자리를 따라 5mm 여분을 두고 바느질 선도 그려 줍니다.

02 몸통의 테두리를 아웃라인 스티치로 수놓습니다.

＊ 아웃라인 스티치 28쪽

03 귀 안쪽 테두리를 스트레이트 스티치로 수놓고 테두리를 감싸며 새틴 스티치로 수놓습니다.

＊ 스트레이트 스티치 27쪽
　새틴 스티치 52쪽

04 눈의 테두리를 아웃라인 스티치로 수놓습니다. 눈 안쪽 테두리도 함께 수놓아 주세요.

05 눈동자를 새틴 스티치로 수놓습니다. 반대편도 동일하게 수놓습니다.

06 귀와 같은 방식으로 코를 스트레이트 스티치로 수놓은 후 새틴 스티치로 메워 줍니다. 입은 아웃라인 스티치로 수놓습니다.

07 물고기는 아웃라인 스티치로 수놓은 후 눈알은 짧은 스트레이트 스티치로 수놓습니다.

08 글씨는 백 스티치로 수놓습니다.

＊ 백 스티치 29쪽

키링 만들기

01 자수의 겉면과 원단의 겉면을 마주보게 접습니다. 창구멍을 제외하고 박음질로 꿰매 줍니다. 여분을 5mm 정도 남기고 원단을 자른 후 가위집을 냅니다.

02 창구멍으로 원단을 뒤집은 후 솜을 채워 줍니다.

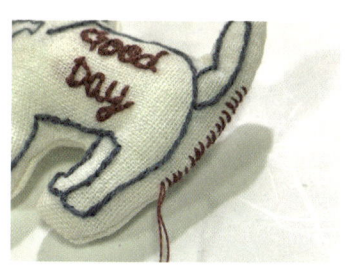

03 감침질로 창구멍을 꿰매 줍니다.
* 감침질 25쪽

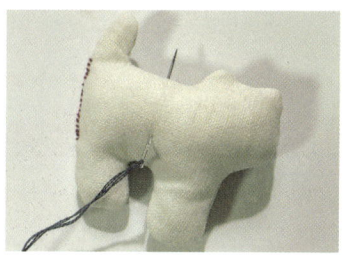

04 바늘을 몸통에 찔러 넣어 고리를 달아줄 위치로 빼내어 줍니다.

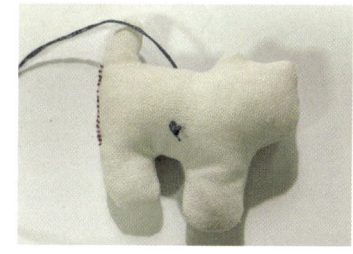

05 사진과 같이 매듭이 걸리도록 만들어 줍니다.

06 위쪽에 D링을 대고 8~9회 정도 감침질을 반복하여 고정시킵니다.

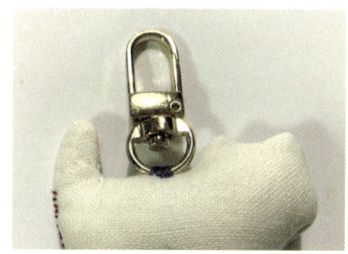

07 튼튼하게 고정시킨 후 윗부분에서 매듭을 지어 마무리합니다.

08 바늘을 다시 몸통 쪽으로 빼내어 실과 매듭을 잘라 마무리합니다.

Tip ── 161쪽의 도안을 참고해 강아지 키링도 만들어 보세요.

좋은 아침

내가 좋아하는 것

14 한글 이모티콘 자수
hangeul emoticon embroidery

추억의 이모티콘을 표현한 자수입니다. 낯간지러워 전하지 못한 말을 자수로 전해 보는 것도 추천해요. '스트레이트'와 '오픈 레이지 데이지' 스티치를 활용하면 웬만한 한글 문구를 표현할 수 있답니다.

준비하기

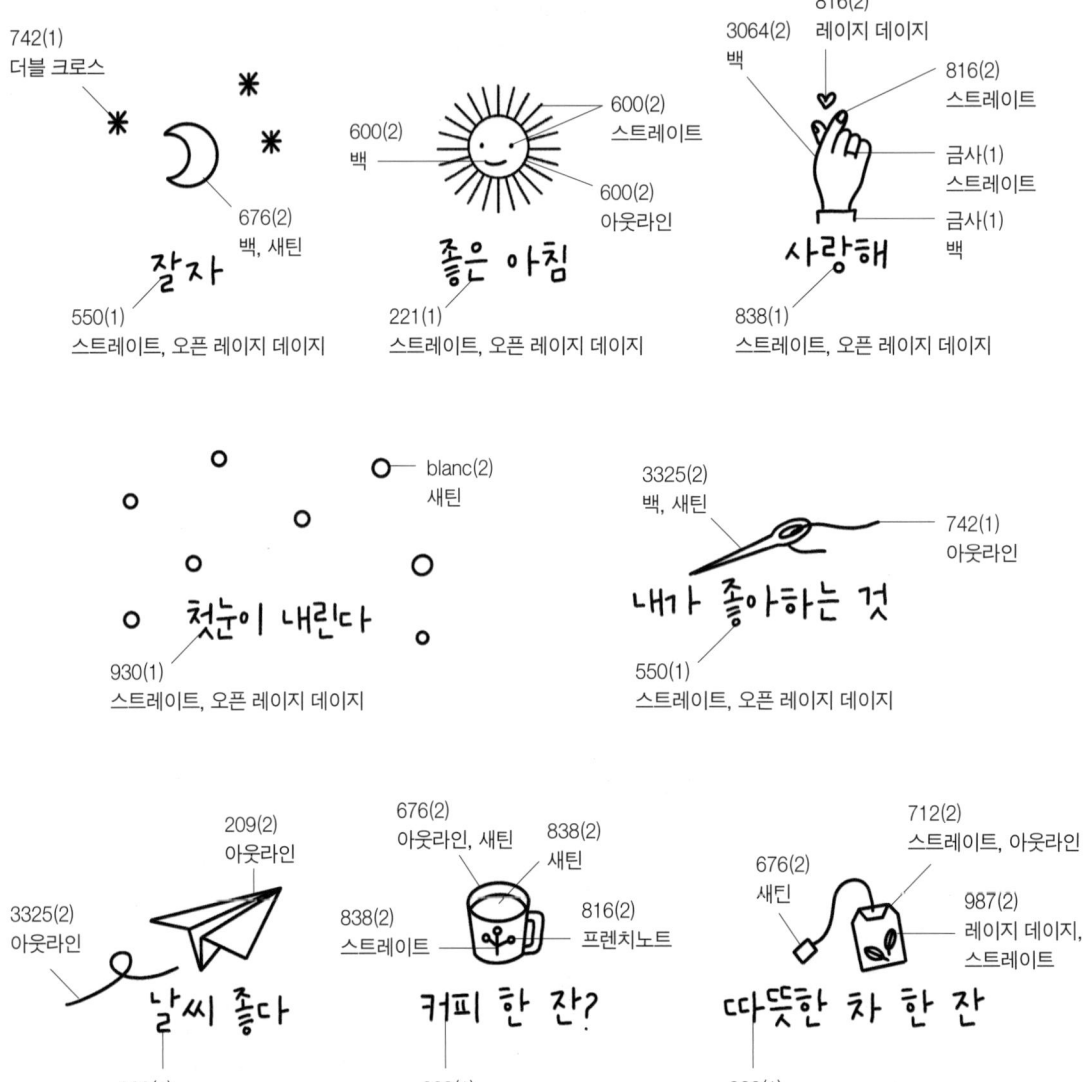

잘자

사용한 자수실	사용한 스티치
DMC 25번사 ● 742　● 676 ● 550	스트레이트, 백, 더블 크로스 오픈 레이지 데이지 새틴

좋은 아침

사용한 자수실	사용한 스티치
DMC 25번사 ● 600　● 221	스트레이트 아웃라인, 백 오픈 레이지 데이지

사랑해

사용한 자수실	사용한 스티치
DMC 25번사 ● 3064　● 816 ● 838　● 금사	스트레이트 백, 레이지 데이지 오픈 레이지 데이지

첫눈이 내린다

사용한 자수실	사용한 스티치
DMC 25번사 ● 930　　blanc	스트레이트 오픈 레이지 데이지 새틴

내가 좋아하는 것

사용한 자수실	사용한 스티치
DMC 25번사 ● 3325　● 742 ● 550	스트레이트, 아웃라인 백, 오픈 레이지 데이지 새틴

날씨 좋다

사용한 자수실	사용한 스티치
DMC 25번사 ● 209　● 3325 ● 930	스트레이트 아웃라인 오픈 레이지 데이지

커피 한 잔?

사용한 자수실	사용한 스티치
DMC 25번사 ● 676　● 838 ● 816	스트레이트, 아웃라인 오픈 레이지 데이지 프렌치노트, 새틴

따뜻한 차 한 잔

사용한 자수실	사용한 스티치
DMC 25번사 ● 712　● 676 ● 838　● 987	스트레이트, 아웃라인 레이지 데이지 오픈 레이지 데이지, 새틴

수놓기

| 잘자 |

01 원단에 도안을 옮겨 그립니다. 달의 테두리를 백 스티치로 수놓습니다.

* 백 스티치 29쪽

02 백 스티치를 감싸며 새틴 스티치로 수놓습니다. 안쪽에 가이드선을 그려 두면 수놓기 좀 더 편합니다.

* 새틴 스티치 52쪽

03 별은 더블 크로스 스티치로, 글씨는 한 획씩 스트레이트 스티치로 수놓습니다.

* 더블 크로스 스티치 33쪽
  스트레이트 스티치 27쪽

| 좋은 아침 |

01 원단에 도안을 옮겨 그립니다.

02 태양의 테두리는 아웃라인 스티치로, 바깥쪽 선, 눈은 스트레이트 스티치로, 입은 백 스티치로 수놓습니다.

* 스트레이트 27쪽, 아웃라인 28쪽
  백 스티치 29쪽

03 글씨의 직선은 스트레이트 스티치로, 한글 ㅇ은 오픈 레이지 데이지 스티치 두 땀을 붙여 수놓습니다.

* 오픈 레이지 데이지 스티치 37쪽

| 사랑해 |

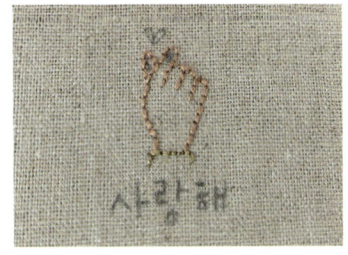

01 원단에 도안을 옮겨 그립니다. 손과 소매는 백 스티치로 수놓습니다.

* 백 스티치 29쪽

02 손톱은 스트레이트 스티치를 2회 반복하여 수놓고, 하트는 레이지 데이지 스티치로, 반지는 스트레이트 스티치로 수놓습니다.

* 스트레이트 스티치 27쪽
  레이지 데이지 스티치 36쪽

03 글씨의 직선은 스트레이트 스티치로, 한글 ㅇ은 오픈 레이지 데이지 스티치 두 땀을 붙여 수놓습니다.

* 오픈 레이지 데이지 스티치 37쪽

| 첫눈이 내린다 |

01 원단에 도안을 옮겨 그립니다. 눈송이는 새틴 스티치로 수놓습니다. 중심에서부터 가로 결로 수놓습니다.

* 새틴 스티치 52쪽

02 수틀의 중심선을 기준으로 위쪽으로 새틴 스티치를 이어갑니다.

03 왼쪽 부분 눈송이를 모두 수놓은 후 오른쪽 아래쪽으로 새틴 스티치를 이어갑니다.

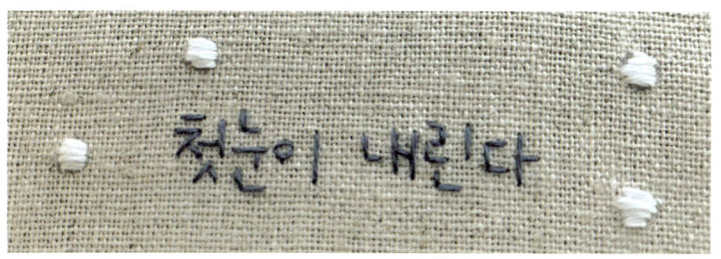

04 글씨의 직선은 스트레이트 스티로, 한글 ㅇ은 오픈 레이지 데이지 스티치 두 땀을 붙여 수놓습니다.

* 스트레이트 스티치 27쪽, 오픈 레이지 데이지 스티치 37쪽

| 내가 좋아하는 것 |

01 원단에 도안을 옮겨 그립니다. 바늘의 테두리를 백 스티치로 수놓습니다.

* 백 스티치 29쪽

02 백 스티치를 감싸며 새틴 스티치로 수놓습니다. 바늘에 걸린 실을 아웃라인 스티치로 수놓습니다.

* 새틴 스티치 52쪽
　아웃라인 스티치 28쪽

03 글씨의 직선은 스트레이트 스티치로, 한글 ㅇ은 오픈 레이지 데이지 스티치 두 땀을 붙여 수놓습니다.

* 스트레이트 스티치 27쪽
　오픈 레이지 데이지 스티치 37쪽

| 날씨 좋다 |

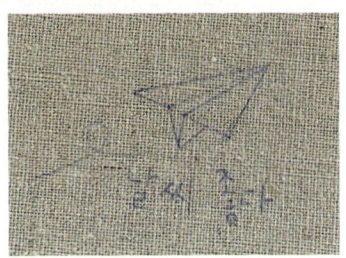  

01 원단에 도안을 옮겨 그립니다.

02 비행기와 뒤쪽 선을 아웃라인 스티치로 수놓습니다.

＊ 아웃라인 스티치 28쪽

03 글씨의 직선은 스트레이트 스티치로, 한글 ㅇ은 오픈 레이지 데이지 스티치 두 땀을 붙여 수놓습니다.

＊ 스트레이트 스티치 27쪽
　오픈 레이지 데이지 스티치 37쪽

| 커피 한 잔? |

 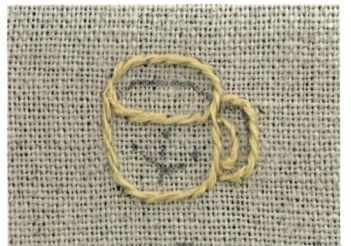 

01 원단에 도안을 옮겨 그립니다.

02 컵의 테두리를 아웃라인 스티치로 수놓습니다.

＊ 아웃라인 스티치 28쪽

03 아웃라인 스티치를 감싸며 새틴 스티치로 수놓습니다.

＊ 새틴 스티치 52쪽

04 커피는 새틴 스티치로, 열매의 가지는 스트레이트 스티치로, 열매는 프렌치노트 스티치로 수놓습니다.

＊ 새틴 스티치 52쪽, 스트레이트 스티치 27쪽,
　프렌치노트 스티치 42쪽

02 글씨의 직선은 스트레이트 스티치로, 한글 ㅇ은 오픈 레이지 데이지 스티치 두 땀을 붙여 수놓습니다.

＊ 오픈 레이지 데이지 스티치 37쪽

| 따뜻한 차 한 잔 |

01 원단에 도안을 옮겨 그립니다. 티백의 선들은 아웃라인 스티치로 수놓되 짧은 선들은 스트레이트로 수놓습니다. 티백 손잡이는 새틴 스티치로, 나뭇잎은 레이지 데이지와 스트레이트 스티치로 수놓아줍니다.

* 아웃라인 스티치 28쪽, 스트레이트 스티치 27쪽
   레이지 데이지 스티치 36쪽

02 글씨의 직선은 스트레이트 스티치로, 한글 ㅇ은 오픈 레이지 데이지 스티치 두 땀을 붙여 수놓습니다.

* 오픈 레이지 데이지 스티치 37쪽

Tip ─── 무지 주머니, 옷, 티코스터, 키친크로스 등에 수를 놓아 다양한 소품을 만들어 보세요. 원단의 색에 따라 자수실을 바꿔 작업해도 좋습니다.

15 꽃자수 핀쿠션 4종
flower pin cushion

여러 가지 꽃 표현을 익힐 수 있는 핀쿠션 4종 디자인을 소개합니다. 평면적인 꽃부터 입체적인 꽃까지 다채로운 연출법을 알아 두세요. 통통한 베개 모양의 핀쿠션 만드는 법도 함께 알려드릴게요.

준비하기

| 데이지 핀쿠션 |

사용한 자수실

DMC 25번사

- blanc
- 17
- 676
- 312
- 907

사용한 스티치

스트레이트
아웃라인
레이지 데이지
새틴

추가 준비물

배경 원단
(연회색 워싱 린넨 11수)
방울솜

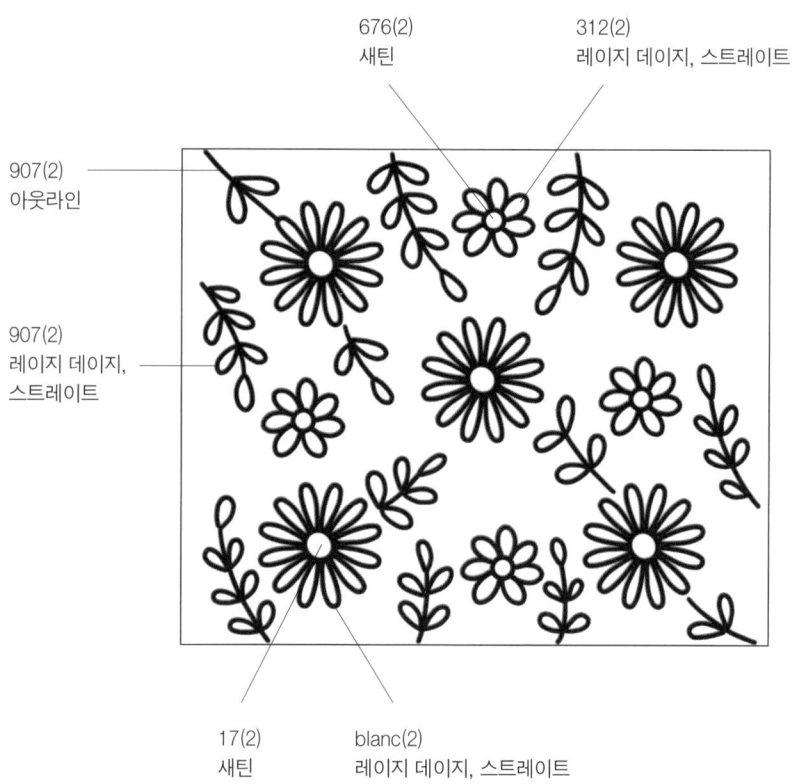

수놓기

01 도안이 그려진 원단을 수틀에 걸어 줍니다. 꽃의 중심을 지나가는 선을 수놓습니다.

02 중심의 결을 따라 꽃 안쪽을 새틴 스티치로 수놓습니다. 한쪽을 먼저 메운 후 다시 중간에서 나머지 면을 채우듯 수놓아 줍니다.
＊ 새틴 스티치 52쪽

03 꽃잎을 레이지 데이지 스티치로 수놓습니다. 사진과 같이 고리를 만들고 바늘을 고리 뒤쪽으로 찔러 넣어 스티치를 고정시킵니다.
＊ 레이지 데이지 스티치 36쪽

04 꽃잎의 안쪽 중심을 스트레이트 스티치로 수놓습니다. 잎의 크기에 따라 스트레이트 스티치는 2회 수놓아도 됩니다.
＊ 스트레이트 스티치 27쪽

05 다른 꽃잎들도 같은 방식으로 수놓습니다.

06 줄기를 아웃라인 스티치로 수놓습니다.
＊ 아웃라인 스티치 28쪽

07 잎을 레이지 데이지 스티치로 수놓습니다.

08 작은 꽃 안쪽을 새틴 스티치로 수놓습니다.

09 작은 꽃잎 중심에 스트레이트 스티치 한 땀을 수놓습니다.

10 중심의 결을 따라 꽃 안쪽을 새틴 스티치로 수놓습니다. 한쪽을 먼저 메운 후 다시 중간에서 나머지 면을 채우듯 수놓아 줍니다.

* 새틴 스티치 52쪽

11 다른 꽃잎들도 같은 방식으로 수놓습니다.

12 도안의 꽃과 잎을 모두 수놓습니다.

Tip ── 175쪽 도안의 자수 배치를 참고해 핀쿠션을 만들어 보세요. 이번 디자인에서는 수놓는 연습을 했다면 다음 디자인에서 핀쿠션 만드는 법을 소개할게요(182쪽).

준비하기

| 여름꽃 핀쿠션 |

사용한 자수실

덴마크 꽃실　●8　●31　●234
　　　　　●714

사용한 스티치

아웃라인
프렌치노트
버튼홀
서클 버튼홀

추가 준비물

배경 원단
(아이보리 린넨 11수)
방울솜

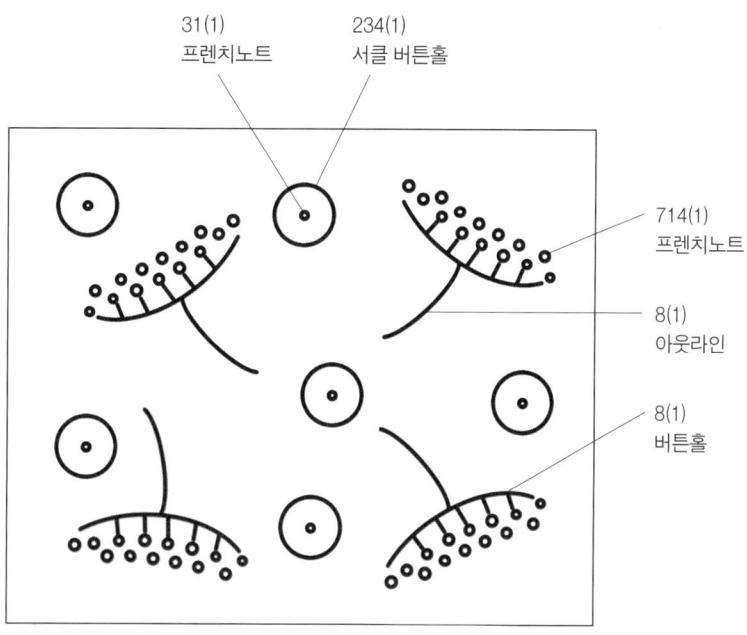

수놓기

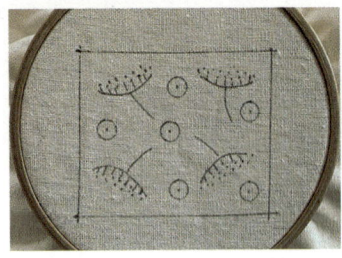

01 도안이 그려진 원단을 수틀에 걸어 줍니다.

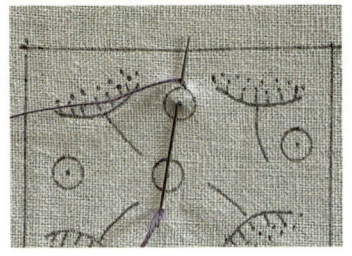

02 둥근 꽃을 서클 버튼홀 스티치로 수놓습니다. 사진과 같이 바늘을 찔러 준비합니다.

* 서클 버튼홀 스티치 47쪽

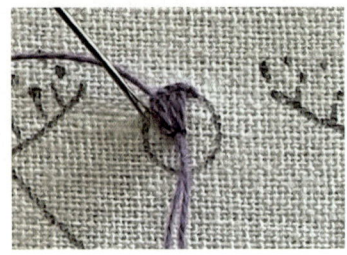

03 마치 새틴 스티치를 수놓듯 촘촘한 간격으로 면을 채우며 수놓습니다.

04 서클 버튼홀 스티치가 완성되었습니다.

05 다른 꽃들도 같은 방식으로 수놓습니다.

06 꽃술을 프렌치노트 스티치로 수놓습니다. 이때 실을 바늘에 2회 감아 주세요.

* 프렌치노트 스티치 42쪽

07 꽃받침을 버튼홀 스티치로 수놓습니다.

* 버튼홀 스티치 46쪽

08 꽃받침 1개가 완성된 모습입니다.

09 줄기를 아웃라인 스티치로 수놓습니다.

* 아웃라인 스티치 28쪽

10 나머지 꽃받침과 줄기도 같은 방식으로 수놓습니다.

11 작은 꽃들을 프렌치노트 스티치로 수놓습니다.

* 프렌치노트 스티치 42쪽

핀쿠션 만들기

· 핀쿠션 과정은 여름꽃 핀쿠션을 기준으로 소개합니다.

01 자수의 겉면과 뒷면 원단의 겉면을 마주보게 댄 후 창구멍을 제외하고 도안선을 따라 박음질로 꿰매 줍니다. 시접을 5mm 남기고 원단을 자른 후 모서리도 사선으로 잘라냅니다.

02 창구멍 사이로 원단을 뒤집은 후 솜을 적당히 넣어 줍니다. 이때 겸자 가위를 사용하면 편리합니다.

03 창구멍을 공그르기로 꿰매 줍니다.

＊ 공그르기 25쪽

04 건빵을 생각하며 펜으로 핀쿠션 중심선을 따라 점 2개를 찍어줍니다.

05 자수면에서 뒤쪽으로 바늘을 깊게 찔러줍니다.

06 매듭이 원단 사이 솜 부분으로 들어가도록 살짝 힘주어 당겨 줍니다.

07 실이 빠져 나온 곳에서 한 올 정도 떨어진 곳에 바늘을 찔러 넣어 사진과 같이 바늘을 다시 위쪽으로 빼내어 줍니다.

08 실을 살살 당겨 점 주변의 솜이 움푹 들어가게 만들어 줍니다.

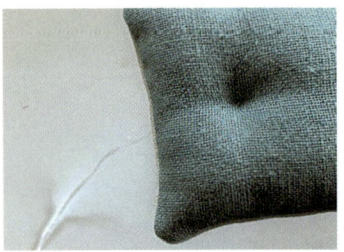

09 2회 정도 반복합니다.

10 반대편도 동일하게 바늘을 통과시켜 솜을 눌러 줍니다.

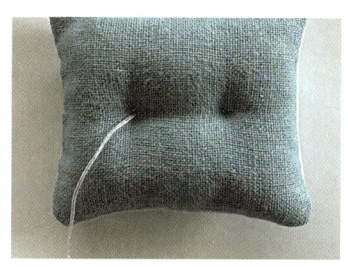

11 뒤쪽에 실이 걸린 상태인데 이 실을 정리해 볼 거예요.

12 바늘을 움푹 들어간 부분으로 찔러 넣습니다. 자수 면으로 나오지 않게 주의합니다. 솜 사이를 지나 가장자리 경계로 바늘을 빼내어 줍니다.

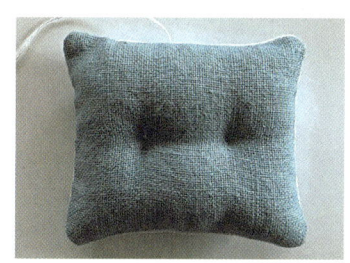

13 위쪽에 실이 걸린 상태입니다.

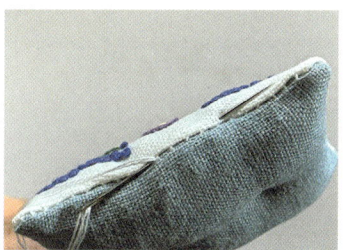

14 사진과 같이 바늘을 실이 나온 곳 바로 뒤에서 찔러 1~2cm 떨어진 앞쪽으로 빼내어 줍니다.

15 가위로 실을 자릅니다. 핀쿠션이 완성되었습니다.

준비하기

| 오월의 장미 핀쿠션 |

사용한 자수실			사용한 스티치	추가 준비물
DMC 25번사	●368	●309	스트레이트, 더블 크로스	배경 원단(연분홍색 린넨 11수,
	●3833	●761	레이지 데이지, 프렌치노트	빨간색 스트라이프 면직)
	●304	●814	디테치드 버튼홀, 스파이더 웹 로즈	비즈
DMC 메탈릭사	●4302	●금사	램블러 로즈, 블리온 로즈	(연보라색, 빨간색, 분홍색, 금색)

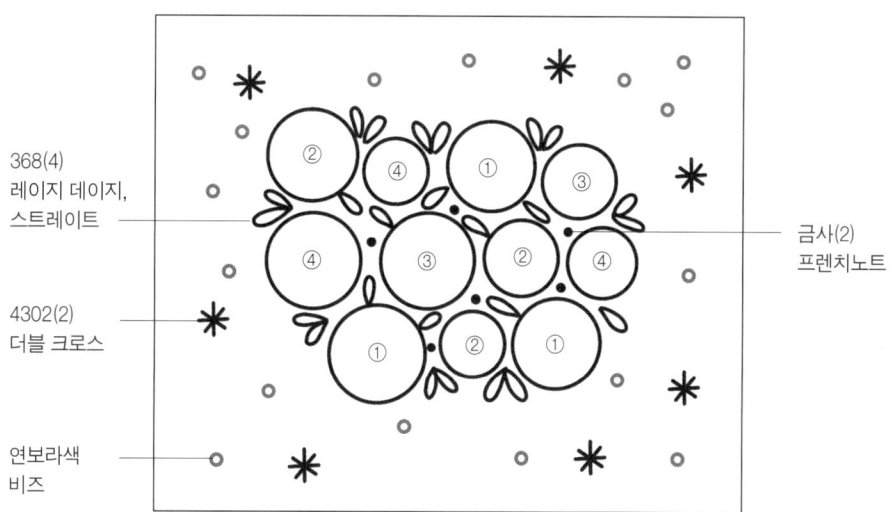

368(4)
레이지 데이지,
스트레이트

금사(2)
프렌치노트

4302(2)
더블 크로스

연보라색
비즈

- ① 309(6) 블리온 로즈 + 빨간색 비즈
- ② 3833(4) 디테치드 버튼홀 + 분홍색 비즈
- ③ 761(6) 램블러 로즈 + 금색 비즈
- ④ 304(3)+814(1) 스파이더 웹 로즈(2가지 실을 합쳐서 사용) + 빨간색 비즈

수놓기

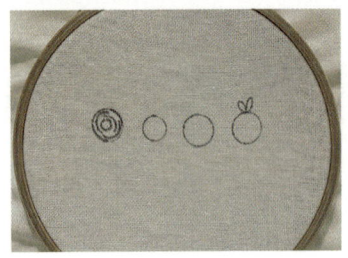

01 도안이 그려진 원단을 수틀에 걸어 줍니다.

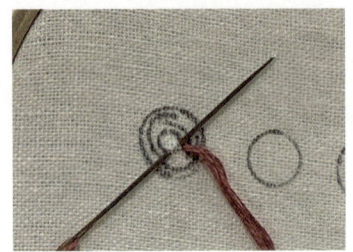

02 1번 꽃 작은 원의 테두리 한 곳을 뒤쪽에서 찔러 바늘을 빼냅니다. 실이 빠져나온 곳에서 1mm 간격을 두고 바늘로 원단을 떠 줍니다.

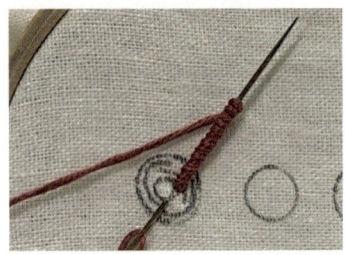

03 바늘에 실을 13~15회 감아 줍니다. 바늘 두께에 따라 조절해 주세요.

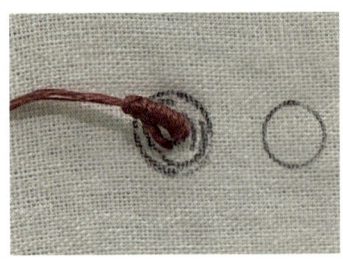

04 모든 실이 바늘을 빠져나올 때까지 뒤쪽으로 당겨 줍니다.

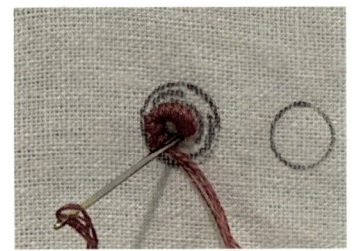

05 바늘을 처음 비워 두었던 빈 공간에 찔러 넣습니다.

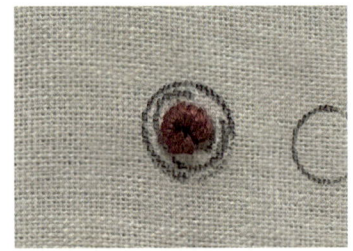

06 뒤쪽에서 바늘을 당겨 블리온 링 스티치를 완성합니다.

＊블리온 링 스티치 60쪽

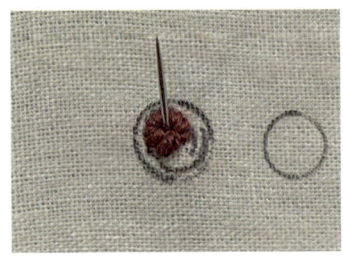

07 중심으로 다시 바늘을 빼냅니다.

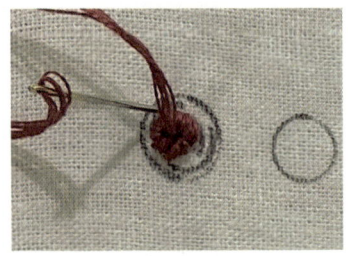

08 링 바깥쪽으로 바늘을 찔러 넣습니다.

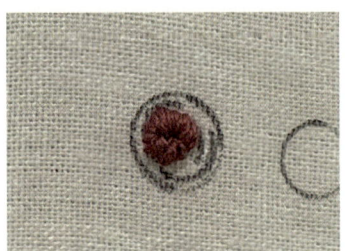

09 블리온 링 스티치가 고정되었습니다.

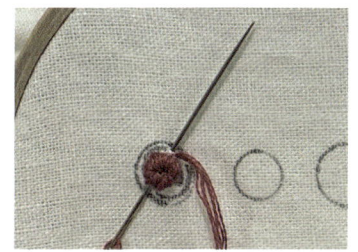

10 바늘을 한쪽에서 찌른 후 맞은편에서 바늘을 빼내 원단을 떠 줍니다.

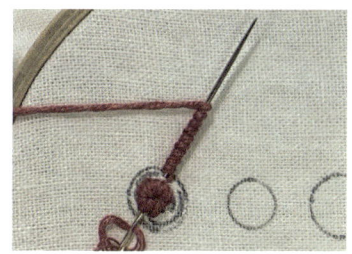

11 바늘에 실을 14회 정도 감아 줍니다.

12 실이 다 빠져나오도록 바늘을 당겨준 후 블리온 스티치 끝 부분에 바늘을 찔러 넣어 마무리합니다.

＊ 블리온 스티치 59쪽

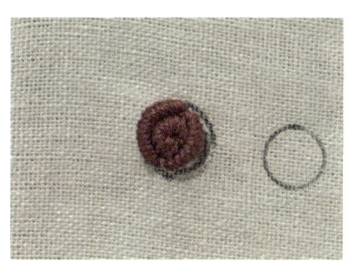

13 반대편 꽃잎도 블리온 스티치로 수놓습니다.

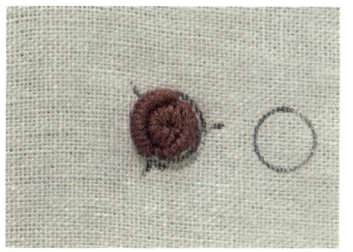

14 꽃 바깥쪽에 사진과 같이 3등분 표시선을 짧게 그려 줍니다.

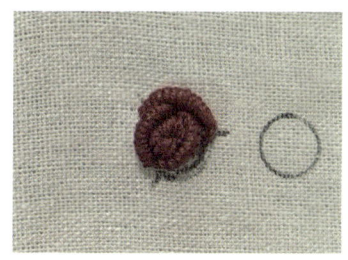

15 길이에 맞게 블리온 스티치를 수놓습니다.

16 두 번째 블리온 스티치를 수놓을 때는 첫 번째 땀과 살짝 겹치게 수놓아 주세요.

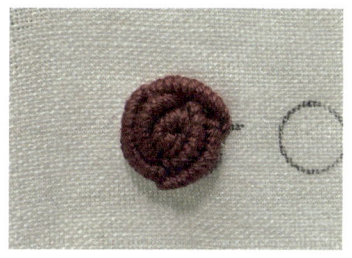

17 나머지 꽃잎도 같은 방식으로 수놓습니다.

18 중심에 비즈를 달아 1번 꽃을 완성합니다. 블리온 계열 스티치를 연결해 꽃의 형태로 만드는 것을 블리온 로즈 스티치라고 합니다.

19 2번 꽃 중앙에 작은 삼각형을 그린 후 선을 따라 스트레이트 스티치로 수놓습니다.

* 스트레이트 스티치 27쪽

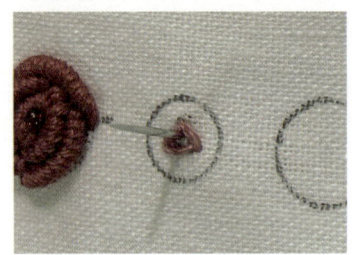

20 삼각형 안쪽 중심에서 바늘을 빼냅니다.

21 바늘을 눕혀 스트레이트 선 사이로 통과시킵니다.

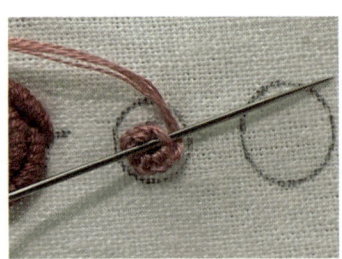

22 스트레이트 한 땀당 3회의 디테치드 버튼홀 스티치를 해 줍니다.

* 디테치드 버튼홀 스티치 48쪽

23 수놓기를 마친 후 해당 버튼홀 끝 선에 다시 바늘을 걸어 다시 디테치드 버튼홀 스티치를 반복해 한 바퀴 돌려 줍니다.

24 세 번째 바퀴를 돌 때는 힘을 조금 빼 버튼홀의 끝 부분이 조금 벌어지게 수놓습니다.

25 꽃잎이 완성된 상태입니다.

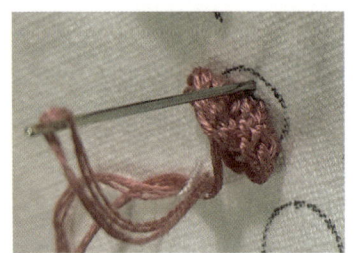

26 바늘을 자수 뒤쪽 라인 안쪽에 찔어 넣어 마무리합니다. 버튼홀 스티치를 이용해 입체적인 형태를 만들면 디테치드 스티치입니다.

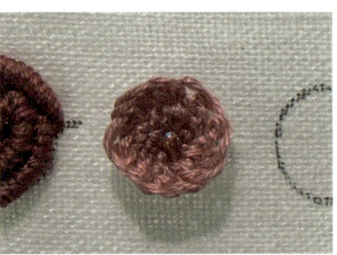

27 꽃의 중심에 비즈를 달아 줍니다. 2번 꽃이 완성되었습니다.

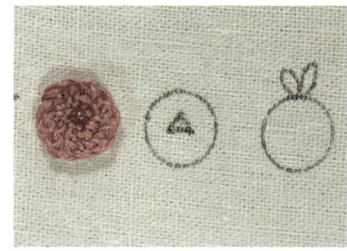

28 3번 꽃 중심에 작은 삼각형을 그립니다.

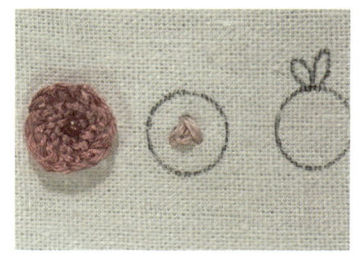

29 삼각형 선을 따라 스트레이트 스티치로 수놓습니다.

* 스트레이트 스티치 27쪽

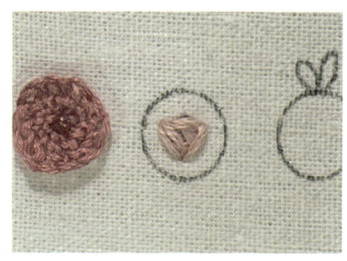

30 삼각형을 감싸는 역삼각형을 스트레이트 스티치로 수놓습니다.

31 같은 방식으로 원의 면적이 다 찰 때까지 스트레이트 스티치로 수놓습니다.

32 스트레이트 선들이 조금씩 겹치도록 하며 빙글빙글 돌려가며 수놓습니다.

33 계속 반복하여 원을 다 채운 상태입니다. 이렇게 선을 겹쳐가며 장미의 형태를 만들어 주는 것을 램블러 로즈 스티치라고 합니다.

* 램블러 로즈 스티치 58쪽

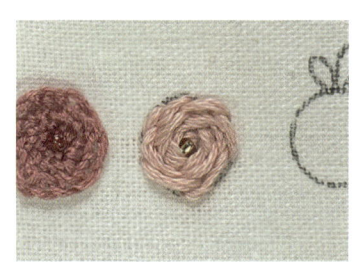

34 꽃의 중심에 비즈를 달아 줍니다. 3번 꽃이 완성되었습니다.

35 4번 꽃 안쪽에 사진과 같이 5등분 표시선을 그려 줍니다. 길이에 맞게 스트레이트 스티치로 수놓습니다.

36 원의 중심에서 바늘을 빼낸 후 스트레이트 선 사이로 바늘을 넣어 통과시킵니다.

37 기둥을 하나씩 건너 뛰며 바늘을 스트레이트 선 사이로 통과시켜 줍니다.

38 원이 채워질 때까지 기둥을 하나씩 건너뛰며 스티치를 반복한 후 원이 채워지면 바늘을 자수 안쪽으로 찔러 넣어 마무리합니다.

39 꽃의 중심에 비즈를 달아 줍니다.

40 잎은 레이지 데이지 스티치로 수 놓습니다.

＊ 레이지 데이지 스티치 36쪽

41 레이지 데이지 스티치 위로 스트레이트 스티치를 더해 잎을 메워줍니다.

Tip —— 185쪽 도안의 자수 배치를 참고해 핀쿠션을 만들어 보세요. 핀쿠션 만드는 법은 182쪽을 참고해 주세요.

준비하기

| 플라워 가든 핀쿠션 |

사용한 자수실

덴마크 꽃실

- 232
- 702
- 100
- 304
- 206
- 234
- 46
- 714
- 238
- 400
- 201
- 210
- 600
- 505
- 236
- 719
- 27
- 48
- 40
- 504

사용한 스티치

스트레이트
아웃라인
레이지 데이지
프렌치노트, 휘프트 체인
플라이, 새틴

추가 준비물

배경 원단(린넨 11수 하늘색)

비즈(연두색)

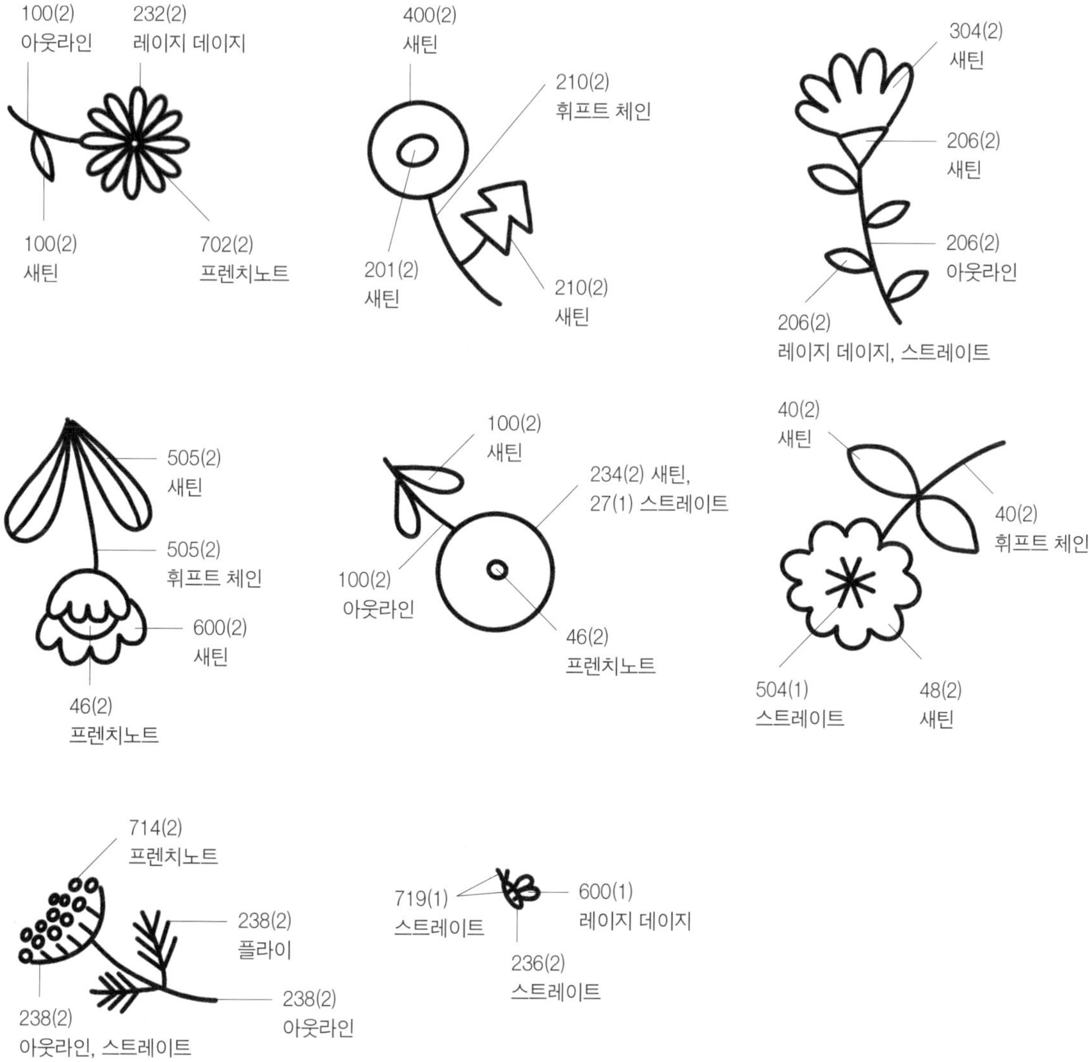

100(2) 아웃라인
232(2) 레이지 데이지
100(2) 새틴
702(2) 프렌치노트

400(2) 새틴
210(2) 휘프트 체인
201(2) 새틴
210(2) 새틴

304(2) 새틴
206(2) 새틴
206(2) 아웃라인
206(2) 레이지 데이지, 스트레이트

505(2) 새틴
505(2) 휘프트 체인
600(2) 새틴
46(2) 프렌치노트

100(2) 새틴
234(2) 새틴, 27(1) 스트레이트
100(2) 아웃라인
46(2) 프렌치노트

40(2) 새틴
40(2) 휘프트 체인
504(1) 스트레이트
48(2) 새틴

714(2) 프렌치노트
238(2) 플라이
238(2) 아웃라인, 스트레이트
238(2) 아웃라인

719(1) 스트레이트
600(1) 레이지 데이지
236(2) 스트레이트

수놓기

01 도안이 그려진 원단을 수틀에 걸어 줍니다.

02 4군데의 줄기를 아웃라인 스티치로 수놓습니다.

* 아웃라인 스티치 28쪽

03 3군데의 줄기를 휘프트 체인 스티치로 수놓습니다.

* 휘프트 체인 스티치 40쪽

04 뾰족한 잎을 새틴 스티치로 수놓습니다.

* 새틴 스티치 52쪽

05 꽃받침과 잎을 새틴 스티치로 수놓습니다.

06 위쪽 잎을 새틴 스티치로 수놓습니다.

07 가운데 꽃의 잎을 반으로 나눠 사선 결의 새틴 스티치로 수놓습니다. 한쪽면 먼저 진행합니다.

08 반대쪽도 같은 방식으로 수놓은 상태입니다.

09 나머지 잎도 같은 방식으로 수놓습니다.

10 위쪽 연두색 잎도 사선 결 새틴 스티치로 수놓습니다.

11 꽃받침은 아웃라인 스티치로, 꽃받침 위의 선은 스트레이트 스티치로 수놓습니다.

＊ 스트레이트 스티치 27쪽

12 잎은 플라이 스티치로 수놓습니다.

＊ 플라이 스티치 43쪽

13 빨간색 꽃을 새틴 스티치로 수놓기 전 기둥선을 수놓습니다.

14 안쪽 면을 메우듯 새틴 스티치로 입체감 있게 수놓습니다.

15 꽃술을 새틴 스티치로 수놓습니다.

16 하늘색 꽃, 보라색 꽃, 노란색 꽃을 새틴 스티치로 수놓습니다.

17 흰색 꽃의 위 아래 모두 새틴 스티치로 수놓습니다.

18 보라색 꽃, 노란색 꽃의 꽃술을 스트레이트 스티치로 표현합니다.

19 분홍색 꽃을 레이지 데이지 스티치로 수놓습니다.

✻ 레이지 데이지 스티치 36쪽

20 꽃술을 프렌치노트 스티치로 수놓습니다.

✻ 프렌치노트 스티치 42쪽

21 흰색 꽃의 꽃술을 프렌치노트 스티치로 수놓습니다.

22 파란색 꽃을 프렌치노트 스티치로 수놓습니다.

23 꿀벌의 몸통을 스트레이트 스티치를 두 번씩 반복하여 수놓습니다.

24 꿀벌의 더듬이와 마디를 스트레이트 스티치로 수놓습니다.

25 꿀벌의 날개를 레이지 데이지 스티치로 모두 수놓습니다.

26 비즈를 달아 마무리합니다

16 리본 머리끈
ribbon hairband

리본 머리끈은 간단하면서 실용성이 좋아 선물로 제격이에요. 단색 원단에 간단한 자수 1가지를 수놓아 깔끔하게 완성하면 참 예쁘답니다. 자수 디자인과 더불어 긴 버전, 짧은 버전 2가지 리본 머리끈 만드는 법도 소개할게요.

준비하기

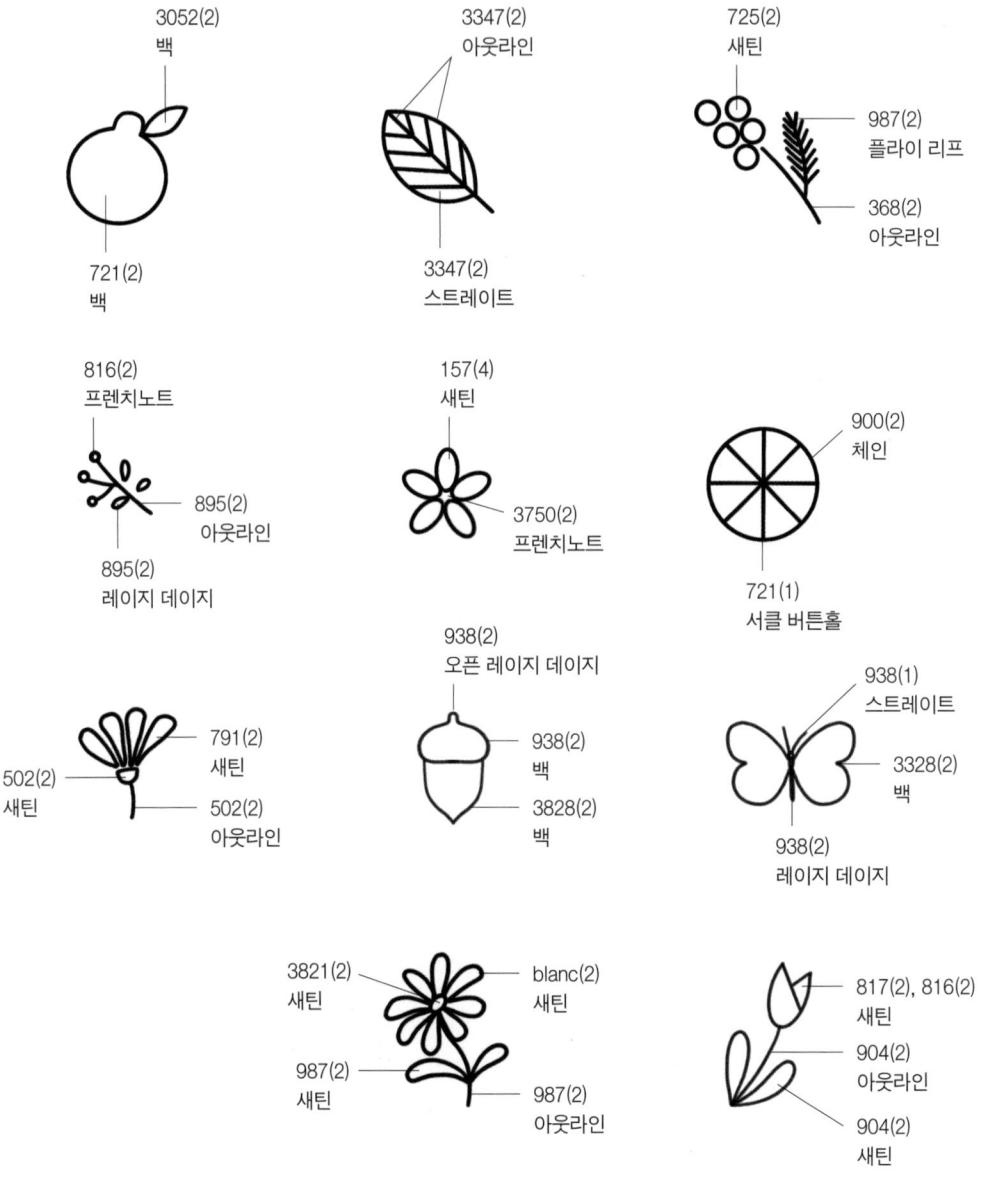

한라봉

사용한 자수실	사용한 스티치
DMC 25번사 ● 3052　● 721	백

나뭇잎

사용한 자수실	사용한 스티치
DMC 25번사 ● 3347	스트레이트 아웃라인

노란색 꽃

사용한 자수실	사용한 스티치
DMC 25번사 ● 725　● 987 ● 368	아웃라인 플라이 리프 새틴

빨간색 꽃

사용한 자수실	사용한 스티치
DMC 25번사 ● 816　● 895	아웃라인 레이지 데이지 프렌치노트

하늘색 꽃

사용한 자수실	사용한 스티치
DMC 25번사 ● 157　● 3750	프렌치노트 새틴

귤

사용한 자수실	사용한 스티치
DMC 25번사 ● 900　● 721	체인 서클 버튼홀

보라색 꽃

사용한 자수실	사용한 스티치
DMC 25번사 ● 791　● 502	아웃라인 새틴

도토리

사용한 자수실	사용한 스티치
DMC 25번사 ● 938　● 3828	백 오픈 레이지 데이지

나비

사용한 자수실	사용한 스티치
DMC 25번사 ● 938　● 3328	스트레이트 백, 레이지 데이지

흰색 꽃

사용한 자수실	사용한 스티치
DMC 25번사 ○ blanc　● 987　● 3821	아웃라인 새틴

튤립

사용한 자수실	사용한 스티치
DMC 25번사 ● 817　● 816　● 904	아웃라인 새틴

수놓기

| 한라봉 |

01 한라봉 열매를 백 스티치로 수놓습니다.

* 백 스티치 29쪽

02 잎을 백 스티치로 수놓습니다.

| 나뭇잎 |

01 잎의 테두리와 중심선을 아웃라인 스티치로 수놓습니다.

* 아웃라인 스티치 28쪽

02 잎맥을 스트레이트 스티치로 수놓습니다.

* 스트레이트 스티치 27쪽

| 노란색 꽃 |

01 꽃의 줄기를 아웃라인 스티치로 수놓습니다.

* 아웃라인 스티치 28쪽

02 잎을 플라이 리프 스티치로 수놓습니다.

* 플라이 리프 스티치 44쪽

03 꽃을 새틴 스티치로 수놓습니다. 각각을 조금 다른 방향으로 수놓으면 더욱 예쁩니다.

* 새틴 스티치 52쪽

| 빨간색 꽃 |

01 줄기를 아웃라인 스티치로 수놓습니다.

* 아웃라인 스티치 28쪽

02 잎을 레이지 데이지 스티치로 수놓습니다.

* 레이지 데이지 스티치 36쪽

03 꽃을 프렌치노트 스티치로 수놓습니다.

* 프렌치노트 스티치 42쪽

| 하늘색 꽃 |

01 꽃잎을 새틴 스티치로 수놓습니다. 중심에서 시작해 한쪽을 먼저 메운 후 나머지 면을 수놓습니다.

* 새틴 스티치 52쪽

02 꽃술을 프렌치노트 스티치로 수놓습니다. 3~4회 반복해 주세요.

* 프렌치노트 스티치 42쪽

| 귤 |

01 귤을 서클 버튼홀 스티치로 수놓습니다. 중간선을 적게 표시할수록 각진 형태가 됩니다.

* 서클 버튼홀 스티치 47쪽

02 사진과 같이 테두리 실에 바늘을 겁니다.

03 실로 찝어주듯 원단에 테두리를 고정시킵니다.

04 테두리를 따라 체인 스티치로 수놓습니다.

* 체인 스티치 39쪽

| 보라색 꽃 |

01 꽃잎을 새틴 스티치로 수놓습니다.

* 새틴 스티치 52쪽

02 꽃받침은 새틴 스티치로, 줄기는 아웃라인 스티치로 수놓습니다.

* 아웃라인 스티치 28쪽

| 도토리 |

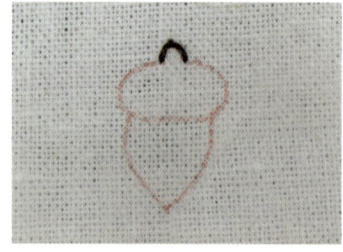 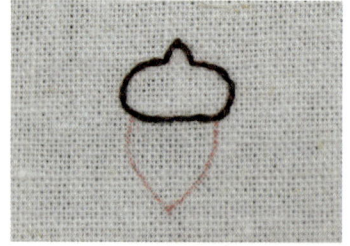 

01 꼭지 부분을 오픈 레이지 데이지 스티치로 수놓습니다.

* 오픈 레이지 데이지 스티치 37쪽

02 뾰족한 꼭지 아래 부분을 백 스티치로 수놓습니다.

* 백 스티치 29쪽

03 열매 부분을 백 스티치로 수놓습니다.

| 나비 |

01 머리를 레이지 데이지 스티치로 수놓습니다.

* 레이지 데이지 스티치 36쪽

02 몸통을 긴 레이지 데이지 스티치로 수놓습니다.

03 더듬이를 스트레이트 스티치로 수놓습니다.

* 스트레이트 스티치 27쪽

04 날개를 백 스티치로 수놓습니다.

* 백 스티치 29쪽

| 흰색 꽃 |

01 꽃잎을 새틴 스티치로 수놓습니다.

* 새틴 스티치 52쪽

02 꽃술을 새틴 스티로 수놓습니다.

03 줄기는 아웃라인 스티치, 잎은 새틴 스티치로 수놓습니다.

* 아웃라인 스티치 28쪽

| 튤립 |

01 꽃잎을 새틴 스티치로 수놓습니다.

* 새틴 스티치 52쪽

02 실 색을 바꿔 나머지 잎도 새틴 스티치로 수놓습니다.

03 줄기는 아웃라인 스티치, 잎은 새틴 스티치로 수놓습니다.

* 아웃라인 스티치 28쪽

짧은 리본 머리끈 만들기

· 리본용 원단과 방울솜을 준비해 주세요.

짧은 리본 전개도

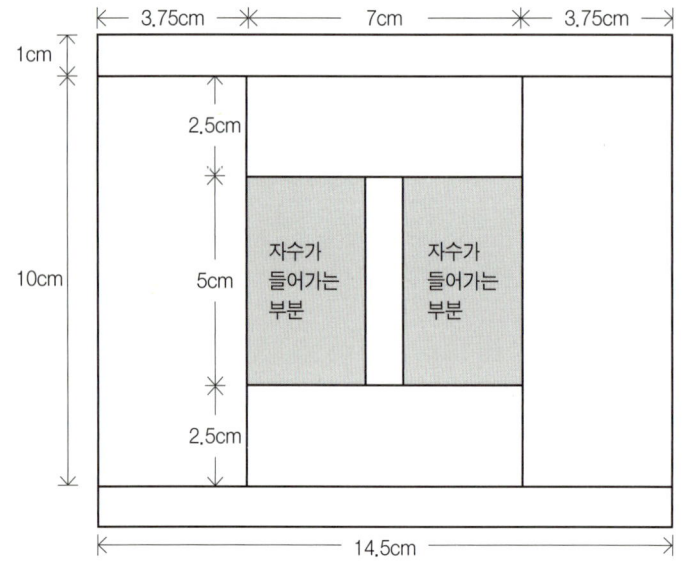

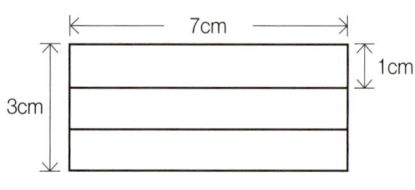

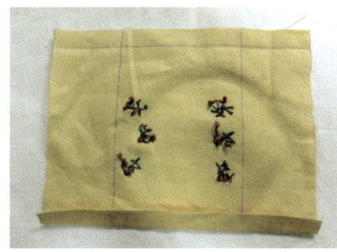

01 수를 놓은 원단을 전개도 크기에 맞게 자른 후 뒷면이 보이도록 뒤집어 줍니다. 아래쪽을 1cm 정도 접어 올립니다.

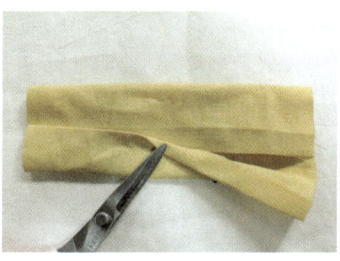

02 접어 올린 부분과 윗면의 1cm 여백 부분이 맞닿을 수 있도록 안쪽으로 접습니다.

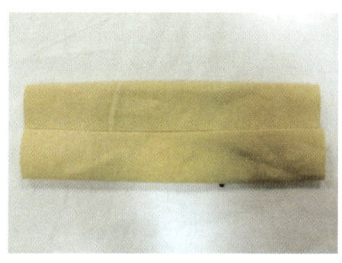

03 포개어진 부분이 가운데 위치할 수 있도록 모양을 잡아 줍니다.

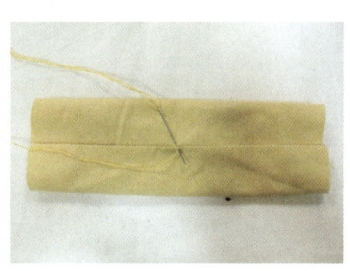

04 중간 지점을 바늘로 꿰매 고정시킵니다.

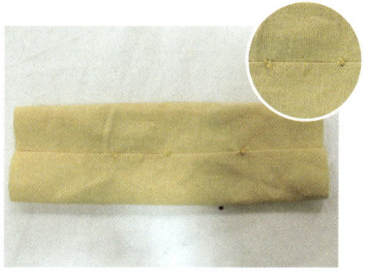

05 양옆에 적당한 거리를 두고 추가로 두 곳 더 꿰매 원단이 움직이지 않도록 고정시킵니다.

06 솜을 원단 사이에 적당히 넣어줍니다.

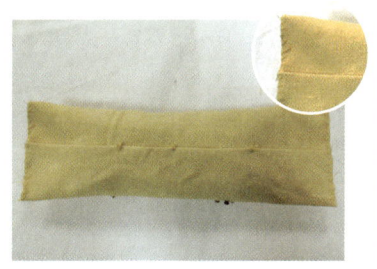

07 양쪽 입구를 꿰매 고정시킵니다. 감춰지는 부분이기 때문에 바늘 땀이 보여도 상관 없습니다.

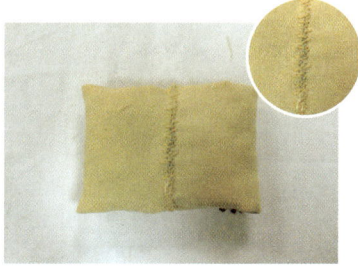

08 양끝을 안쪽으로 접어 모아 꿰매 고정시킵니다.

09 앞면의 모습입니다.

10 잘라 둔 작은 원단 조각을 1cm 정도 접어 올립니다.

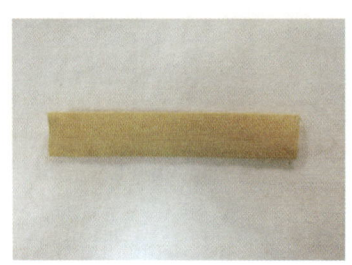

11 한 번 더 접어 올린 후 모양을 잡아 줍니다.

12 앞서 만든 ⑨의 리본 가운데 두고 사진과 같이 위쪽을 꿰매어 고정시킵니다.

13 위에서 바라본 모습입니다.

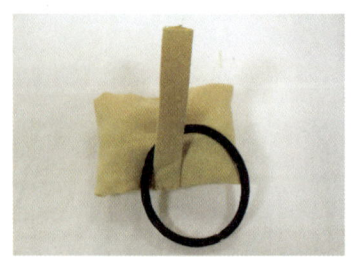

14 고정해 둔 원단과 리본 사이에 고무줄을 걸어 주세요.

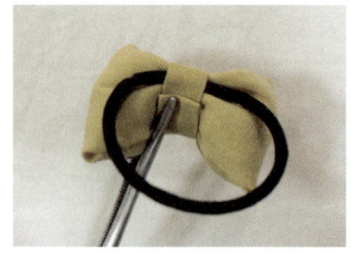

15 리본 상단에 고정해 둔 원단을 한 바퀴 돌려 끝을 안쪽으로 살짝 말아 접습니다.

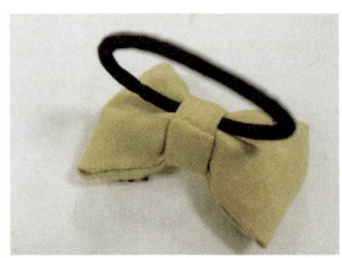

16 공그르기로 꿰매 고정시킵니다.

* 공그르기 25쪽

17 자수가 올라간 리본 머리끈이 완성되었습니다. 머리끈 대신 옷핀을 걸어 사용하는 것도 좋습니다.

Tip ── 마음에 드는 도안을 선택해 만들어 보세요.

긴 리본 머리끈 만들기

· 리본용 원단과 방울솜을 준비해 주세요.

긴 리본 전개도

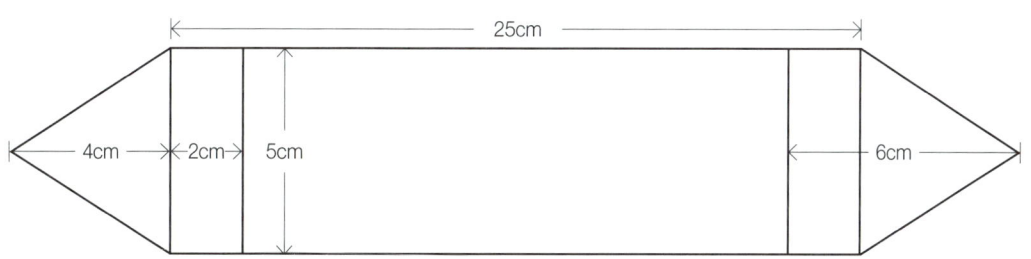

209

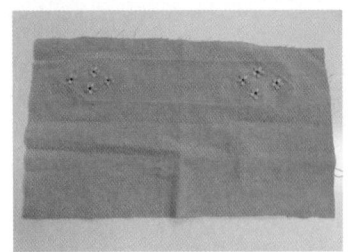

01 수를 놓은 원단을 준비합니다. 도안선을 따라 한 번씩 접었다 펴 선이 도드라지도록 합니다.

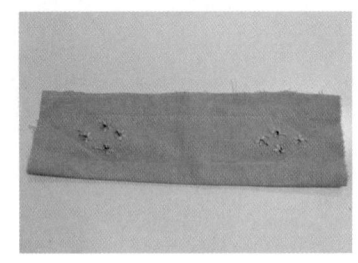

02 뒷면이 보이도록 두고 원단을 사진과 같이 반으로 접어 줍니다.

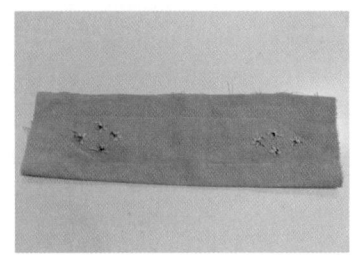

03 창구멍을 제외하고 도안선을 따라 박음질로 꿰매 줍니다.

* 박음질 24쪽

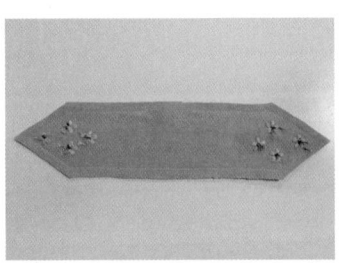

04 가장자리 여분을 5mm 남기고 원단을 전개도 크기에 맞게 잘라 줍니다.

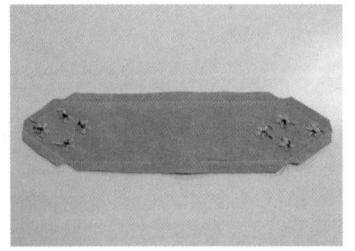

05 뒤집었을 때 모양이 잘 잡힐 수 있도록 리본의 모서리 부분에 사진과 같이 가위집을 냅니다.

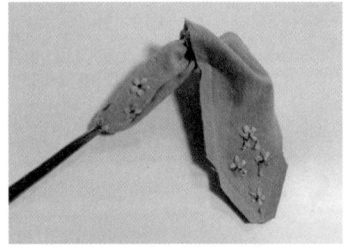

06 겸자 가위를 이용하여 창구멍으로 원단을 뒤집어 줍니다. 손으로 뒤집어도 되지만 좀 더 수월하게 뒤집을 수 있습니다.

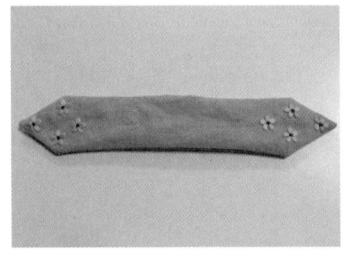

07 반대편 원단도 창구멍 사이로 뒤집어 빼내 줍니다.

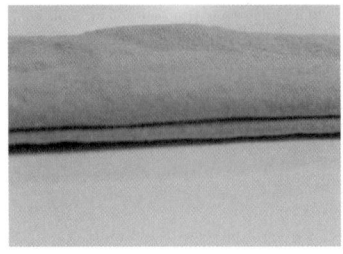

08 창구멍은 공그르기로 꿰매 줍니다.

* 공그르기 25쪽

09 리본을 한 번 묶어 매듭이 가운데 오도록 모양을 잡아 줍니다. 리본을 묶기 전에 끈을 걸어도 좋습니다.

17

제주 오름 자석
jeju oreum magnet

제주도의 멋진 오름을 자수로 수놓아 보았어요. 둥근 오름의 형태를 입체적으로 표현해 자석을 완성했답니다. 한 손에 쏙 잡히는 크기라 실용성이 높아요.

준비하기

| 오름 1, 오름 2 |

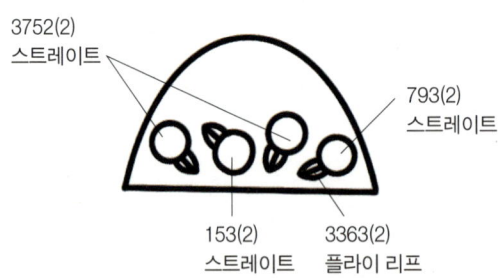

	사용한 자수실			사용한 스티치	기타 준비물
오름 1	DMC 25번사	● 725 ● 3733	● 704 ● 3713	스트레이트 레이지 데이지 프렌치노트	배경 원단(네추럴 린넨 11수) 코픽마카 YG11 방울솜, 작은 양면 자석
오름 2	DMC 25번사	● 3752 ● 153	● 793 ● 3363	스트레이트 플라이 리프	배경 원단(네추럴 린넨 11수) 코픽마카 YG17 방울솜, 작은 양면 자석

| 오름 3, 오름 4 |

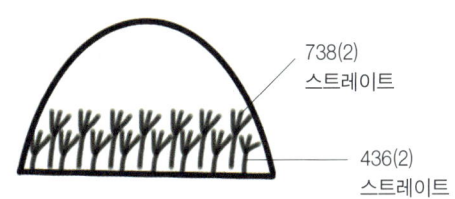

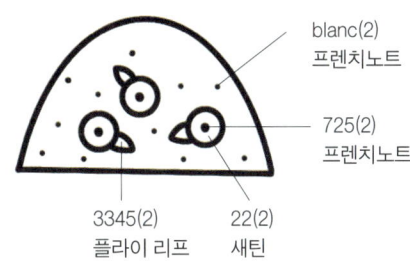

	사용한 자수실			사용한 스티치	기타 준비물
오름 3	DMC 25번사	● 738	● 436	스트레이트	배경 원단(네추럴 린넨 11수) 코픽마카 E13 방울솜, 작은 양면 자석
오름 4	DMC 25번사	○ blanc ● 3345	● 725 ● 22	프렌치노트 플라이 리프 새틴	배경 원단(네추럴 린넨 11수) 코픽마카 BG32 방울솜, 작은 양면 자석

수놓기

· 과정은 오름 1을 기준으로 소개합니다.

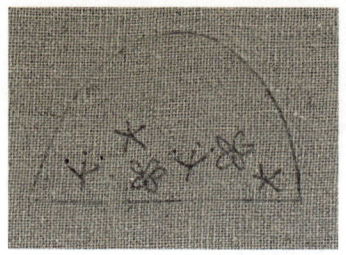

01 원단에 도안을 옮겨 그립니다.

02 도안 안쪽 면을 코픽마카의 붓촉으로 채색합니다.

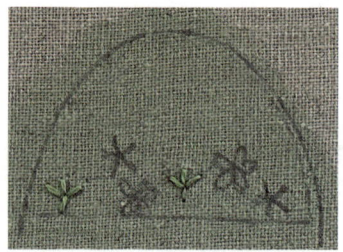

03 원단을 수틀에 걸어준 후 줄기를 스트레이트 스티치로 수놓습니다.

✽ 스트레이트 스티치 27쪽

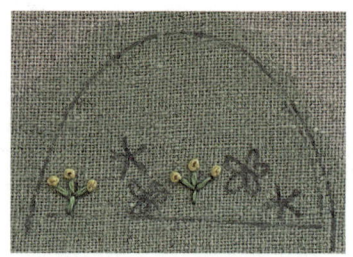

04 노란색 꽃을 프렌치노트 스티치로 수놓습니다.

✽ 프렌치노트 스티치 42쪽

05 연분홍색 꽃을 레이지 데이지 스티치로 수놓습니다.

✽ 레이지 데이지 스티치 36쪽

06 진분홍색 꽃을 스트레이트 스티치로 수놓습니다.

입체 자석 만들기

01 자수의 겉면과 뒷면 원단의 겉면을 마주보게 댄 후 창구멍을 제외하고 도안선을 따라 박음질로 꿰매 줍니다.

* 박음질 24쪽

02 가장자리 여분을 5mm 남기고 원단을 자른 후 곡선 부분에 가위집을 냅니다.

03 창구멍 사이로 원단을 뒤집어 줍니다.

04 솜을 적당히 넣어 줍니다. 이때 겸자 가위를 사용하면 편리합니다.

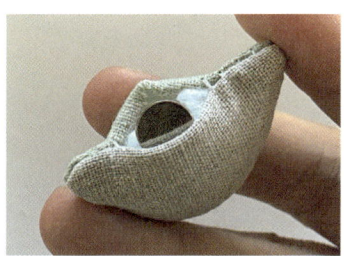

05 사진과 같이 작은 양면 자석을 솜과 뒷면 사이에 넣어 줍니다.

06 창구멍을 공그르기로 꿰매 줍니다.

* 공그르기 25쪽

18

한라봉 티코스터
hanrabong tea coaster

묘한 미소를 띠고 있어 유머러스한 느낌을 주는 한라봉 티코스터예요. 친구에게 한라봉 하나와 함께 건네면 재밌고 특별한 선물이 된답니다.

준비하기

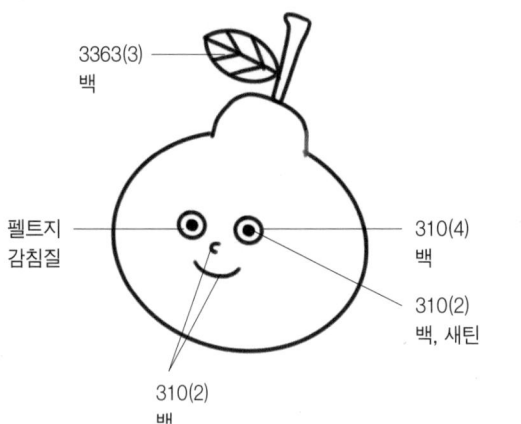
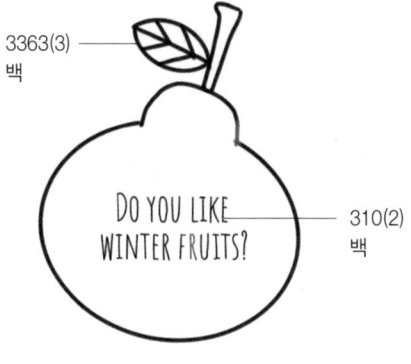

사용한 자수실	사용한 스티치	추가 준비물
DMC 25번사 ● 3363　● 310	백 새틴	배경 원단 (주황색, 초록색, 갈색 린넨 11수) 펠트지(아이보리색) 퀼팅솜

수놓기

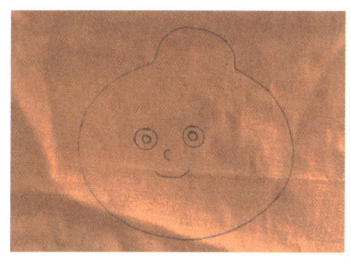

01 원단에 도안을 옮겨 그립니다.

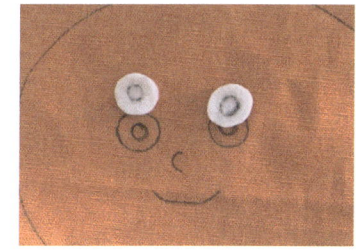

02 펠트지를 눈 모양으로 잘라 준비합니다. 원단을 수틀에 걸어 줍니다.

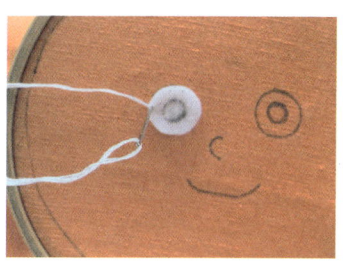

03 도안선의 위치에 맞게 펠트지를 올린 후 가장자리를 따라 바깥쪽에서 안쪽 방향으로 감침질합니다.

＊ 감침질 25쪽

04 양쪽 눈 모두 고정시킵니다.

05 눈 바깥쪽과 안쪽 테두리를 백 스티치로 수놓습니다.

＊ 백 스티치 29쪽

06 눈동자를 가로결의 새틴 스티치로 수놓습니다. 반대쪽 눈도 같은 방식으로 수놓습니다.

＊ 새틴 스티치 52쪽

07 코, 입을 백 스티치로 수놓습니다.

08 초록색 원단에 나뭇잎 도안을 그립니다.

09 잎맥을 백 스티치로 표현합니다.

티코스터 만들기

01 잎을 수놓은 자수의 겉면과 뒷면의 겉면을 마주보게 댄 후 창구멍을 제외하고 도안선을 따라 박음질로 꿰매 줍니다. 사진과 같이 모서리를 잘라내고 가위집을 냅니다.

02 창구멍 사이로 원단을 뒤집어 준 후 창구멍을 공그르기로 꿰매 줍니다.
* 공그르기 25쪽

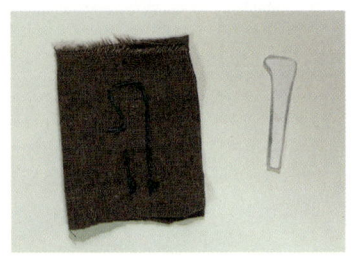

03 갈색 원단에 꼭지 도안을 옮겨 그린 후 반으로 접습니다. 창구멍과 하단 부분을 제외하고 박음질로 꿰매 줍니다.

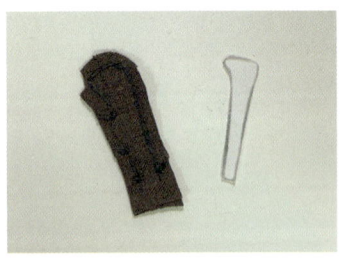

04 가장자리 여백을 1cm 남긴 후 잘라 줍니다.

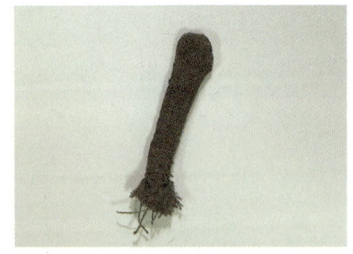

05 창구멍 사이로 원단을 뒤집어 준 후 창구멍을 공그르기로 꿰매어 줍니다.

06 퀼팅솜, 뒷면 원단, 자수 원단의 순서로 겹쳐 줍니다. 자수의 겉면이 아래쪽으로 가도록 올려 주세요.

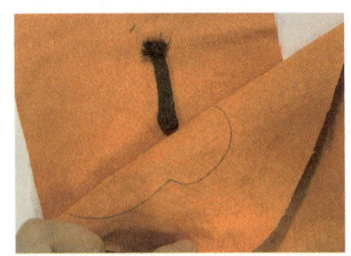

07 원단과 원단 사이에 사진과 같이 한라봉 꼭지를 놓아 줍니다. 완성됐을 때의 꼭지 위치를 고려해 주세요.

08 도안선을 따라 창구멍을 제외하고 박음질로 꿰매 줍니다.
* 박음질 24쪽

09 원단을 뒤집어 줍니다.

10 퀼팅솜의 가장자리 여분을 가위로 바짝 잘라 줍니다.

11 가장자리 여분을 5mm 남기고 원단을 자른 후 군데군데 가위집을 냅니다.

12 창구멍 사이로 원단을 뒤집어 줍니다.

13 창구멍을 공그르기로 꿰매어 줍니다.

14 잎에 실을 걸어 준비합니다.

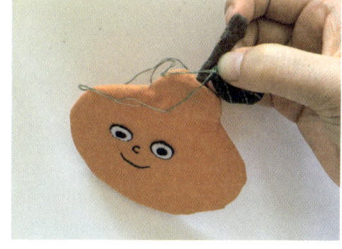

15 꼭지에 잎을 대고 3~4회 꿰매 고정시킵니다.

16 꼭지의 경계로 바늘을 빼내 마무리합니다.

17 한라봉 티코스터가 완성되었습니다.

19 빵주머니
bread pouch

좋아하는 빵을 수놓아 행복이 가득 전해지는 빵주머니입니다. 아주 쉬운 기법 딱 2가지만 사용해 쉽게 따라 할 수 있어요. 다른 좋아하는 빵이 있다면 이런 식으로 수놓아 보세요.

준비하기

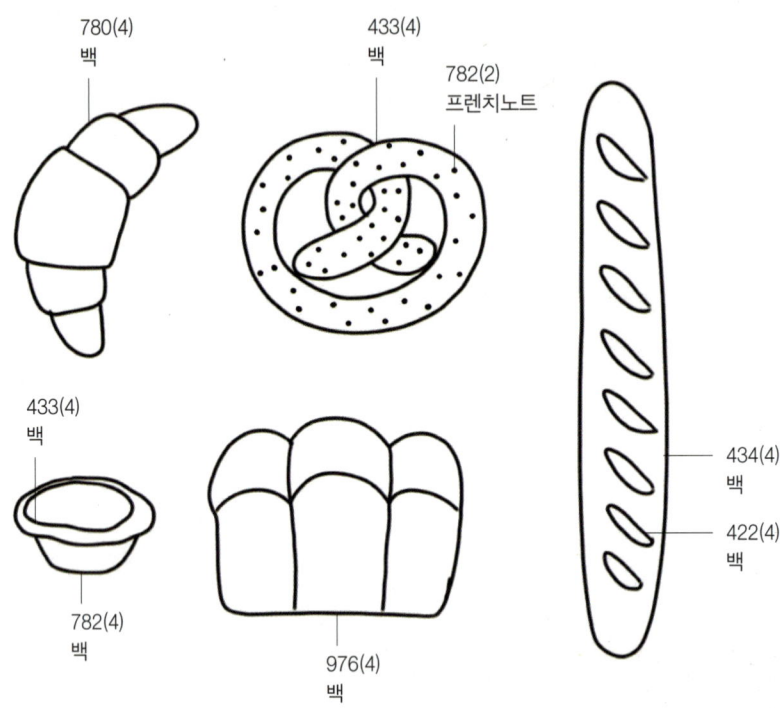

사용한 자수실	사용한 스티치	추가 준비물
DMC 25번사 ● 780 ● 433 ● 782 ● 976 ● 434 ● 422	백 프렌치노트	무지 파우치 또는 천가방

수놓기

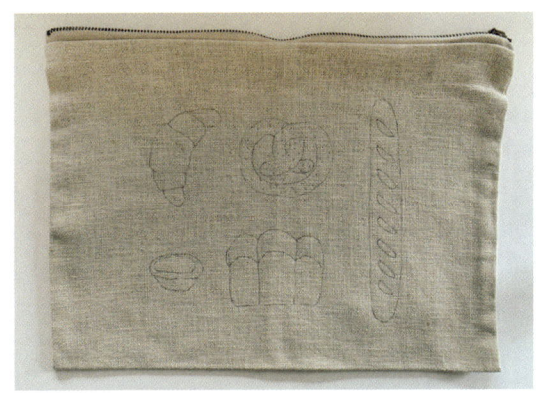

01 무지 파우치 또는 천가방에 도안을 옮겨 그립니다.

02 원단을 수틀에 걸어준 후 빵의 모든 도안선을 백 스티치로 수놓습니다.

* 백 스티치 29쪽

03 빵 한 조각이 완성되었습니다.

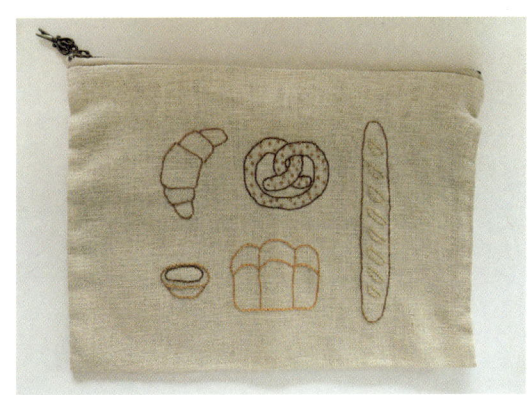

04 같은 방식으로 모든 빵을 수놓아 주세요. 두 번째 프레츨의 점 부분은 프렌치노트 스티치로 수놓습니다.

* 프렌치노트 스티치 42쪽